Beiträge zum Patentrecht

Von

W. Dunkhase
Geheimer Regierungsrat und Direktor im Kaiserlichen Patentamte
zu Berlin

IV
Der Patentschutz

Berlin und Leipzig
G. J. Göschen'sche Verlagshandlung G. m. b. H.
1914

Der Patentschutz

Von

W. Dunkhase
Geheimer Regierungsrat und Direktor im Kaiserlichen Patentamte
zu Berlin

Berlin und Leipzig
G. J. Göschen'sche Verlagshandlung G. m. b. H.
1914

Druck
der Spamerschen
Buchdruckerei in Leipzig.

Übersicht

Abkürzungen

PG. = Patentgesetz

BGB. = Bürgerliches Gesetzbuch

CPO. = Zivilprozeßordnung

StPO. = Strafprozeßordnung

StGB. = Strafgesetzbuch

PA. = Patentamt

RG. = Reichsgericht

OLG. = Oberlandesgericht

KG. = Kammergericht

LG. = Landgericht

Pbl. = Patentblatt

Bl. = Blatt für Patent-, Muster- und Zeichenwesen

Ind. = Zeitschrift für Industrierecht

M. u. W. = Markenschutz und Wettbewerb

E. d. RG. ZS. = Entscheidungen des Reichsgerichts in Zivilsachen

E. d. RG. StS. = Entscheidungen des Reichsgerichts in Strafsachen

GR. = Gewerblicher Rechtsschutz und Urheberrecht

Mitt. v. Verb. d. PA. = Mitteilungen vom Verband Deutscher Patentanwälte

I. Der Gegenstand des Patentschutzes.

Um zu einer Feststellung des Gegenstandes des Patentschutzes zu gelangen, müssen wir uns zunächst über den Gegenstand der patentierten Erfindung klar werden.

Welches die patentierte Erfindung ist, muß im Patentanspruche gekennzeichnet sein.

Die Kennzeichnung der Erfindung kann nur in konkreter Form erfolgen. In konkreter Form muß erkennbar gemacht werden, daß und mit welchen Mitteln ein bestimmter Erfolg erreichbar ist. Die Kennzeichnung erfolgt daher in dem konkreten Gegenstande, der in seiner Brauchbarkeit den Erfolg der Erfindung verkörpert. Dieser Gegenstand (Sache oder Verfahren) muß gewerblich verwertbar sein und hergestellt oder in Verkehr gebracht oder feilgehalten oder gebraucht werden können.

Die Form soll die Erfindung enthalten und diese erkennbar machen. Es genügt daher nicht, daß der die Erfindung enthaltende Gegenstand (Sache oder Verfahren) farblos beschrieben wird. Die Beschreibung muß vielmehr in solcher Form erfolgen, daß dabei die Erfindung zum Ausdruck kommt.

Derselbe Gegenstand kann, ohne als solcher ein anderer zu sein, eine größere oder geringere Erfindung einschließen. In abcd kann abcd ganz oder bcd oder bc oder auch nur b eigenartig und erfinderisch sein. Ist z. B. nur b eigenartig, so genügt es doch nicht, die Beschreibung auf b allein zu beschränken. Denn b ist nur ein unselbständiges Glied und seine Beschreibung ist nicht möglich, ohne dabei seine Zusammengehörigkeit mit a b c d, das als Ganzes den Erfolg bildet, den der Erfinder geschaffen hat, heranzuziehen. Indessen brauchen bei Anführung, von welchem Ganzen b ein Glied bildet, nicht notwendig die sämtlichen Teile dieses Ganzen einzeln gekennzeichnet zu werden. Es genügt z. B. die allgemeine Angabe „Fahrradlaterne“, gekennzeichnet durch b.

Die Sache oder das Verfahren, in welchem die Erfindung enthalten ist, nennen wir gemäß § 4 des PG. ihren Gegenstand[1]). Der Patentinhaber ist ausschließlich befugt, Fahrradlaternen, d. h. nur solche, die die Erfindung enthalten, gewerbsmäßig herzustellen, in den Verkehr zu bringen, feilzuhalten oder zu gebrauchen. Was die Fahrradlaterne eigenartig macht und die Patentfähigkeit der Erfindung begründet, ist zwar nur das Merkmal b. Aber dieses Merkmal b ist nicht für sich allein die Erfindung und kann daher auch nicht für sich allein patentiert werden. Es ist nur in dem Zusammenhange, in dem es sich befindet, eine Erfindung und nur deshalb patentbegründend, weil es mit den übrigen Teilen zusammen eine gewerbsmäßig verwertbare, neue und eigenartige Fahrradlaterne bildet. Wäre das Ganze keine Fahrradlaterne, sondern ein unbrauchbarer Gegenstand, so wäre das ihm eigentümliche Merkmal b, trotz seiner Eigenart, ebensowenig wie der ganze Gegenstand patentfähig. Das Verdienst des Erfinders besteht nicht allein darin, daß er das Merkmal b gefunden hat, sondern darin, daß er den Erfindungsgedanken benutzt hat, um eine brauchbare Fahrradlaterne zu schaffen. Nur als Schöpfer dieser neuen Fahrradlaterne ist er ein Erfinder im Sinne des Patentgesetzes.

Ist hiernach zwar das Merkmal b nicht für sich allein die Erfindung, so ist es aber auch nicht die Fahrradlaterne in allen ihren einzelnen Teilen. Erfunden ist nur eine Fahrradlaterne, die durch das Merkmal b gekennzeichnet ist. Wer diese Fahrradlaterne so beschreibt, daß er sämtliche einzelne Teile einschließlich des Teiles b in ihrer Zusammengehörigkeit schildert, ohne dabei b als den eigenartigen Teil zu kennzeichnen, der bringt nicht zum Ausdruck, was in ihr die Erfindung bildet.

---

[1]) Der Ausdruck „Gegenstand“ wird im übrigen in verschiedenem Sinne gebraucht. (Vgl. Schanze: Ind. 1913, S. 259.)

Die Erfindung ist etwas Erdachtes, also etwas, was der Gedankenwelt angehört. Wer sich die Fahrradlaterne als Erfindung vorstellt, hat von ihr eine andere Vorstellung, als wer sie sich lediglich als Gebrauchsgegenstand vorstellt. Was bei ihr das wesentliche Merkmal der Erfindung bildet, deckt sich nicht, oder nicht notwendig mit dem, was für ihre Brauchbarkeit in erster Linie wesentlich ist. Der für ihre Brauchbarkeit wichtigste Teil kann längst bekannt sein, während das Merkmal der Erfindung demgegenüber nur von untergeordneter Bedeutung ist.

Aus diesen Gesichtspunkten erklärt sich auch die Terminologie des Gesetzes.

In § 4 hat der Gesetzgeber die wirtschaftliche Verwertung des erfundenen Gegenstandes im Auge. Er spricht demgemäß dem Patentinhaber das Recht zu, unter Ausschluß anderer den Gegenstand der Erfindung gewerbsmäßig herzustellen, in Verkehr zu bringen, feilzuhalten und zu gebrauchen.

In § 2 handelt es sich um die Frage der Patentfähigkeit. Hier wird von einer offenkundigen Benutzung der „Erfindung" gesprochen, die, wie zu ergänzen ist, durch Herstellung, Inverkehrbringen, Feilhalten und Gebrauch von Gegenständen der Erfindung erfolgt.

Hiernach ist allerdings der erfundene Gegenstand die Erfindung, aber nicht als konkreter Gegenstand, sondern nur in Verbindung mit der Vorstellung dessen, was an ihm neu und eigenartig ist. Die Erfindung ist ein Produkt schöpferischer Phantasie, mag sie auch im einzelnen Falle durch Versuche in einem konkreten Gegenstande zum ersten Male gefunden sein. Die Erfindung als vorgestellter Gegenstand erschöpft sich nicht in einem einzelnen konkreten Gegenstande, sondern sie umfaßt alle konkreten Gegenstände, die ihrer Vorstellung entsprechen.

Die Erfindung muß, wenn sie patentfähig sein soll, in ihrem Gegenstande gewerblich verwertbar sein. Gegenstand der Erfindung (Sache oder Verfahren) ist dasjenige, was in seiner Brauchbarkeit den vom Erfinder erreichten, gewerblich brauchbaren Erfolg darstellt. Durch ein einzelnes Merkmal wird die Erfindung nur gekennzeichnet, nicht aber in ihrem Erfolge verkörpert. Zur Verkörperung des Erfolges gehört die Zusammenfassung alles dessen, was in Verbindung miteinander den Erfolg hervorruft. Dies kann ein wirtschaftlich ganz selbständiger Gegenstand, z. B. ein Fahrrad sein, oder auch nur der Teil eines solchen, der indessen so viel Selbständigkeit besitzen muß, daß er einen gewerblich brauchbaren Gegenstand (Sache oder Verfahren) bildet, z. B. ein Fahrradreifen. Die Erfindung beschränkt sich auf den Gegenstand, der den Erfolg der Erfindung verkörpert. Wer eine neue Schiffsschraube erfunden hat, kann nur die Schiffsschraube, nicht aber das Schiff als Gegenstand seiner Erfindung in Anspruch nehmen. Der Gegenstand muß hergestellt, in Verkehr gebracht, feilgehalten oder gebraucht werden können. Den Bedarf nach diesem Gegenstande gewerbsmäßig zu befriedigen und den Gegenstand gewerbsmäßig zu gebrauchen, ist für die Dauer des Patents das ausschließliche Recht des Patentinhabers. In diesem Rechte darf der Patentinhaber nicht beeinträchtigt werden. Wird der Gegenstand der Erfindung, z. B. der verbesserte Fahrradreifen unbefugterweise gewerbsmäßig gebraucht, so eignet sich der Gebraucher den Nutzen, den die Erfindung stiftet, widerrechtlich an. Er eignet sich indessen nicht bloß den Überschuß von Nutzen an, den der durch die Erfindung verbesserte Reifen mehr leistet als der bisher gebräuchliche nicht verbesserte Reifen, sondern er eignet sich den vom Erfinder geschaffenen Erfolg, der ein untrennbares Ganzes bildet, in seiner Gesamtheit an. Er benutzt statt des gebräuchlichen Reifens den neuen Reifen, nicht aber in dem neuen Reifen zugleich den bisherigen Reifen und daneben die getroffene Verbesserung. Zur Patentverletzung genügt es, daß der Gegenstand der Erfindung unbefugt benutzt wird. Es liegt daher eine Patentverletzung auch dann vor, wenn der neue Gegenstand, der gewerbsmäßig gebraucht wird, nicht besser sondern nur billiger ist als der bisher gebrauchte. Auch hier wird die Erfindung benutzt, wenn statt des bisher gebräuchlichen der erfundene Gegenstand gebraucht wird.

Dem Patentinhaber ist nicht der bloße Erfindungsgedanke

als solcher, also nicht die „spekulative Idee" geschützt[2]). Er hat nur das ausschließliche Recht, den Gegenstand der Erfindung gewerbsmäßig herzustellen, in Verkehr zu bringen, feilzuhalten oder zu gebrauchen. In diesem Rechte wird er nicht beeinträchtigt, wenn das Gewerbe den Erfindungsgedanken benutzt, um einen Gegenstand herzustellen, der einem ganz andern Bedürfnisse dient als der patentierte Gegenstand. Hätte der Patentinhaber gleichfalls einem solchen Bedürfnisse dienen wollen, so hätte er selbst nach seiner Idee einen dafür geeigneten Gegenstand schaffen und unter Schutz stellen sollen, solange der Erfindungsgedanke noch geheim war.

Mit Recht hat der Gesetzgeber den Patentschutz für bloße Ideen ausgeschlossen; denn ein solcher Schutz würde die freie Entwicklung des Gewerbes über das Erträgliche hinaus hemmen und zu der Konsequenz führen, daß auch ein zum Erfolg noch gar nicht durchgeführter Gedanke, z. B. Ebbe und Flut nutzbar zu machen, patentfähig wäre. Ein Patent kann nur für ausführbare Gegenstände, die dem Gewerbe als Vorbild dienen, nicht aber für bloße Ideen ohne Rücksicht auf ihre Verwirklichung erteilt werden. Es wäre völlig verfehlt, hier den Begriff des geistigen Eigentums, d. h. des Eigentums an der Idee, zur Anwendung zu bringen. Das geistige Eigentum ist im Patentrecht keineswegs schrankenlos anerkannt und bildet im übrigen auch nicht die alleinige Grundlage des Patentschutzes[3]).

Als Erfindung kommt hier nur die angemeldete und patentierte Erfindung[4]) in Betracht; nur sie wird Gegenstand des Schutzes. Der ihr zugrunde liegende Erfindungsgedanke kann ein so allgemeiner sein, daß er für die verschiedensten „Erfindungen" ohne weiteres schöpferisch verwertet werden kann. Patentschutz kann der Erfinder nicht für eine bloße

---

[2]) Bl. 1900, S. 52 (55), RG.; Bl. 1904, S. 329 (330), RG.

[3]) Vgl. Beitrag I, S. 56ff. u. GR. 1911, S. 330, sowie unten S. 34.

[4]) Der Ausdruck Erfindung wird also hier in dem beschränkten Sinne gebraucht, der ihm für den Patentschutz zukommt; daß man damit gegebenenfalls auch einen weiteren Sinn verbinden kann, bleibt hier außer Betracht.

Idee, sondern nur für einen Gegenstand beanspruchen, der gewerblich verwertbar ist und hergestellt, in Verkehr gebracht, feilgehalten oder gebraucht werden kann.

Hiernach muß der Patentsucher seinen Anspruch auf einen bestimmten Gegenstand richten. Je enger er diesen Gegenstand faßt, um so beschränkter wird unter Umständen sein Patentschutz. Meldet er z. B. eine Fahrradlaterne an, so erhält er Patentschutz auch nur für die Fahrradlaterne, nicht aber für jede beliebige andere Laterne, bei welcher der gleiche Erfindungsgedanke zu Raum kommt. Das Bedürfnis, welches die Erfindung decken soll, wird durch den angemeldeten Gegenstand selbst bestimmt und auf die Befriedigung dieses Bedürfnisses durch die Erfindung wird der Patentschutz mit Recht beschränkt[5]). Der Patentinhaber wird hier in seinem Rechte, den Bedarf nach dem Gegenstande auf Grund der Erfindung zu decken, nicht beeinträchtigt, wenn ein anderer Laternen anderer Art, die zwar die gleiche eigenartige Einrichtung aufweisen, die als Fahrradlaternen aber nicht verwendbar sind, auf den Markt bringt.

Maßgebend ist die Bezeichnung des beanspruchten Gegenstandes und seine Brauchbarkeit an und für sich. Auf die Vorteile, die der Anmelder in der Beschreibung aufgezählt hat und auf die dort angegebenen Zwecke ist der Patentinhaber nicht zu beschränken. Ergibt sich daher, daß die erfundene Sache oder das erfundene Verfahren auch noch auf andern Gebieten nutzbar gemacht werden kann, so werden auch diese andern Gebiete dem Patentinhaber dienstbar. Denn nicht die Vorstellung des Erfinders, sondern die Bedeutung des erfundenen Gegenstandes selbst bestimmt den Schutzumfang des Patents. Hier kommt dem Patentinhaber auch eine spätere Entwicklung der Technik oder des Wirtschaftslebens, die die Nachfrage nach dem Gegenstande erhöht, zugute[6]).

---

[5]) Vgl. z. B. Bl. 1896, S. 291 (295), RG.; Bl. 1910, S. 318, KG.; GR. 1912, S. 370, LG. Leipzig; Bl. 1913, S. 303 (Österreich).

[6]) Vgl. Bl. 1906, S. 136 RG. Eine ganz andere Frage ist es, ob ein Patent mit Recht erteilt oder nichtig ist, wenn sich ergibt, daß die Erfindung die in der Beschreibung angegebenen Vorzüge nicht besitzt, wohl

Die Patentverletzung wird auch nicht dadurch ausgeschlossen, daß ein Gegenstand unter anderer Benennung auf den Markt gebracht wird. Ist z. B. die geschützte Fahrradlaterne solcherart, daß sie auch für ganz andere Zwecke verwendbar ist, so kommt es dem Patentinhaber zugute, wenn die Laterne wegen dieser Eigenschaft auch in andern Kreisen absatzfähig ist. Der Wert der Ware wird durch den Markt im allgemeinen bestimmt; wer im einzelnen Falle die Abnehmer sind, ist unerheblich. Sonst könnte die Laterne z. B. von einem Bergwerk für Besucher der Grube gekauft, später aber als Fahrradlaterne gebraucht werden, was offenbar gegen das Patent verstoßen würde. Indessen umfaßt hier der Patentschutz nicht jede Lampe, die mit der gekennzeichneten Einrichtung versehen ist, sondern nur solche Lampen, die auch als Fahrradlaternen brauchbar sind. Dasselbe gilt für patentierte Handschuhknöpfe, die als solche vielleicht auch für andere Zwecke, z. B. für Schuhe verwendbar sind. Werden sie auch nur für Schuhwaren hergestellt und als Schuhknöpfe auf den Markt gebracht, so unterliegen sie nichtsdestoweniger dem Patent, vorausgesetzt, daß sie zugleich auch als Handschuhknöpfe dienen können. Ist ferner ein Taschenmesser mit einer Klinge aus einer besondern Metallegierung bc durch Patent geschützt, so steht es dem Gewerbe zwar frei, Scheren oder andere Werkzeuge aus dem gleichen Metall herzustellen und zu gebrauchen. Es ist dem Nachahmer aber nicht gestattet, diese Werkzeuge so zu konstruieren, daß sie das Taschenmesser ersetzen. Denn durch eine solche Umgehung würde der Patentinhaber in seinem ausschließlichen Rechte auf den Markt beeinträchtigt werden. Im übrigen gereicht es dem Patentinhaber zum Nachteil, daß er durch beschränkte Bezeichnung des Gegenstandes sich selbst den Markt beschränkt hat[7]). Hat er sich nur das Messer

---

aber andere Vorzüge, die nicht erkannt worden sind oder erst infolge einer weiteren Entwicklung der Technik nachträglich dem patentierten Gegenstande zugekommen sind (Bl. 1894/95, S. 89, RG.).

[7]) Der Patentsucher darf andrerseits auch keine allzu allgemeine, sich ins Unbestimmte verlierende Bezeichnung wählen. Er darf z. B. nicht „Gegenstände aus der Metallegierung bc“ anmelden, weil diese Bezeich-

patentieren lassen, anstatt die allgemeinere Bezeichnung „Schneidewerkzeug“ zu wählen, so muß angenommen werden, daß er den Markt nur mit Messern versorgen will. Ist aber aus seiner eigenen Kundgebung zu entnehmen, daß er die Nachfrage nach andern Gegenständen aus gleichem Metall nicht decken will, so würde es auf eine grundlose Beschränkung der Allgemeinheit hinauslaufen, wenn ihr auch für solche Gegenstände, die der Patentinhaber selbst nicht herstellen lassen will, der Markt verschlossen bliebe. Mit Recht wird vielmehr dem Patentinhaber der nur beschränkt begehrte Markt auch nur beschränkt zuteil. In welchem Umfange er dann nach der Patenterteilung die Nachfrage nach Messern decken will, bleibt ihm allerdings allein überlassen[8]). Daß er den Markt auch nach dieser Richtung hin nicht versorgen will, ist nicht zu unterstellen, da aus seiner Anmeldung das Gegenteil zu entnehmen ist.

Der Patentinhaber hat das Gewerbe gefördert, weil dieses nach seinem Vorgang durch Anwendung der gleichen Mittel den gleichen Erfolg, in dem gewählten Beispiel eine besonders brauchbare Fahrradlaterne, zu erzielen, und damit die Erfindung nutzbar zu machen vermag, während es hierzu bisher außerstande war. Hierfür wird dem Gewerbe zugunsten des Patentinhabers die Beschränkung auferlegt, daß für die Dauer des Patents nur der Patentinhaber befugt ist, die Erfindung, in dem bereits erläuterten Sinne, gewerbsmäßig zu benutzen.

Diesem Grundgedanken des Patentschutzes würde es nun nicht entsprechen, wenn man den Patentinhaber in seinem ausschließlichen Rechte auf diejenigen Mittel beschränken wollte, die er bei Kennzeichnung seiner Erfindung ausdrücklich angegeben hat. Wäre der Patentinhaber lediglich auf die angegebenen Mittel beschränkt, so wäre er in den meisten Fällen so gut wie schutzlos. Denn jeder unlautere Nachahmer

---

nung zu allgemein ist. Denn für viele Gegenstände kommt eine Anfertigung aus Metall überhaupt nicht in Frage (z. B. für Kleidungsstücke) und für andere (z. B. für Rüstungen) ist die Metallegierung bc vielleicht ganz unzweckmäßig.

[8]) Vgl. indessen § 11 des PG.

könnte das Patent dadurch umgehen, daß er unter Benutzung des Erfindungsgedankens von den vielen in der Technik dargebotenen Mitteln ein äquivalentes wählen würde, um einen gleichen oder gleichwertigen Erfolg zu erreichen. Der Patentschutz muß also, wenn dem Patentinhaber der Markt nicht geschmälert werden soll, auch die äquivalenten Mittel umfassen[9]). Auch für diese trifft der Grund des Patentschutzes zu, daß der Erfinder es dem Gewerbe ermöglicht hat, etwas zu leisten, was es bisher zu leisten außerstande war.

Ob unter dem Gesichtspunkt der Äquivalenz eine Patentverletzung vorliegt, hängt von der Frage ab, welches die durch das Patent geschützte Erfindung ist. Hierüber muß der Patentanspruch Auskunft geben. Grade für die Frage der Äquivalenz bedarf es einer Hervorhebung der besonderen Merkmale der Erfindung im Patentanspruche, die sonst für den Patentschutz nicht erforderlich wäre.

Ist A patentiert, so kann es sowohl im ganzen als auch in allen seinen einzelnen Elementen eigenartig sein. Es ist aber auch möglich und bildet sogar die Regel, daß nur einzelne Elemente, seien es mehrere, sei es auch nur ein einziges, das Merkmal der Erfindung bilden. Ist nur ein einzelnes Element das Merkmal der Erfindung, so ist nicht außer acht zu lassen, daß, wie früher bereits ausgeführt wurde, auch hier der ganze Gegenstand A, gekennzeichnet durch das Merkmal b, also nicht das Merkmal b allein die Erfindung bildet[10]). Dem Gewerbe ist es also nicht schlechthin verboten, b nachzubilden, sondern es ist nur verboten, A gekennzeichnet durch b und die Äquivalente von A gekennzeichnet durch b herzustellen, in Verkehr zu bringen, feilzuhalten oder zu gebrauchen.

Ist A schlechthin patentiert, so fällt jedes Äquivalent von A, welches dem gleichen Bedürfnisse dient, in den Bereich des Patents. Ist hingegen nur A gekennzeichnet durch b patentiert, so fallen auch nur die Äquivalente von A, die gleich-

[9]) Vgl. z. B. Bl. 1901, S. 257, RG.; Bl. 1909, S. 306, RG.; Bl. 1911, S. 216, RG.; Bl. 1912, S. 226, RG.

[10]) Bl. 1913, S. 326, RG.

falls das Merkmal b (oder ein äquivalentes) enthalten, in den Bereich des Patents, nicht aber auch alle andern Äquivalente von A, die dem gleichen Bedürfnisse dienen.

Es können auch sämtliche Teile der Erfindung A jeder für sich bekannt sein und die Erfindung besteht nur in der besonders erfolgreichen Kombination dieser Elemente zu einem Ganzen (p b f r). Hier ist jeder Gegenstand äquivalent, der den gleichen Kombinationsgedanken enthält und zugleich demselben Bedürfnisse wie A dient.

Ein erschöpfendes Schema der Erfindungen zu geben, ist nicht möglich. Die Technik ist so vielgestaltig und ihre Mittel sind so mannigfaltig und unerschöpflich, daß es unmöglich ist, sie unter bestimmte Formeln zu bringen. Das Erfinderische in dem Gegenstande kann überdies nicht bloß in seiner eigenartigen äußeren Gestaltung, sondern z. B. auch in seiner Vereinfachung, Verbilligung oder besonderen Dimensionierung liegen. Vor allem aber kommt für den Umfang des Patentschutzes wesentlich in Betracht, ob und in welchem Maße durch die Erfindung ein bisher noch gar nicht erkanntes Bedürfnis befriedigt wird. Ist die Stellung der Aufgabe, die der Erfinder gelöst hat, neu und an und für sich schon ein wesentliches Verdienst des Erfinders, so ist der Patentschutz ein weiterer[11]). Hier hat der Erfinder den Markt, für den der Gegenstand der Erfindung bestimmt ist, überhaupt erst eröffnet. Ist hingegen die Aufgabe längst bekannt und auch in anderer Weise bereits gelöst, so ist der Schutz ein beschränkterer. Denn der Erfinder hat dann nur einen Sondergegenstand geschaffen, der in besonderer Weise neben andern Gegenständen den Bedarf decken soll, und der Patentinhaber hat nur für diesen Sondergegenstand auf den Markt Anspruch. Wird die Erfindung unter dem Gesichtspunkte von Aufgabe und Lösung betrachtet, so darf dabei nicht außer acht gelassen werden, daß die Erfindung eine Einheit bildet, die bei solcher Betrachtung nicht zerstückelt werden darf[12]).

---

[11]) Vgl. hierzu Ind. 1913, S. 189, RG. u. M. u. W. X, S. 178, RG.; M. u. W. XII, S. 553, RG.

[12]) Vgl. Beitrag III, S. 45.

Diese Grundsätze gelten nicht nur vom Sachpatent, sondern in gleicher Weise auch von einem Verfahren, das den „Gegenstand“ der durch Patent geschützten Erfindung bildet. Auch hier kann nur ein gewerblich anwendbares Verfahren Gegenstand der Anmeldung sein, dessen Zweck und Bedeutung, sofern sie nicht gemeinverständlich sind, angegeben werden müssen, damit der durch die Erfindung zu erzielende Erfolg ersichtlich ist. Handelt es sich nur um ein einzelnes erfinderisches Merkmal eines sonst bekannten Verfahrens, also um dessen Verbesserung oder weitere Ausbildung, so ist der Patentanspruch dennoch nicht auf dieses Merkmal allein, sondern auf das Verfahren im ganzen, gekennzeichnet durch das Merkmal b, zu richten. Das erfundene Verfahren, welches unter Schutz gestellt werden soll, muß also einen für sich abgeschlossenen Vorgang bilden, der alle einzelnen Abschnitte umfaßt, die in ihrem Zusammenhange den vom Erfinder gefundenen Erfolg herbeiführen[13]). Der Zweck, welchen dieser Erfolg hat, oder das Bedürfnis, welchem er dient, bestimmen dann zugleich den Schutzumfang des Patents, soweit es sich um Äquivalenz handelt.

Bei einem Verfahren ist der gewerbsmäßige Gebrauch, also die Anwendung des Verfahrens geschützt. Daneben ist der Patentinhaber ausschließlich befugt, die durch das patentierte Verfahren unmittelbar hergestellten Erzeugnisse in Verkehr zu bringen, feilzuhalten oder zu gebrauchen.

Ist das ganze Verfahren eigenartig, so fällt jedes den Erfindungsgedanken benutzende Verfahren, das dem gleichen technischen Zwecke dient, in den Bereich des Patents. Ist ein einzelnes Mittel oder ein einzelnes Glied eigenartig, so werden diejenigen dem gleichen technischen Zweck dienenden Äquivalente des Verfahrens vom Patentschutze umfaßt, die das besondere Merkmal der Erfindung oder ein ihm äquivalentes enthalten. Die durch ein anderes Verfahren unmittelbar hergestellten Erzeugnisse fallen dann in den Schutzbereich

[13]) Vgl. oben S. 8. Dabei genügt auch hier, soweit es sich nicht um die besonderen Merkmale der Erfindung handelt, eine allgemeine Angabe.

des Patents, wenn das angewandte Verfahren selbst in den Bereich des Patents fällt[14]).

Das Patent gewährt in gewissem Sinne auch Teilschutz. Ebensowenig, wie es gestattet ist, das Patent dadurch zu umgehen, daß ein in geringerem Grade brauchbares, insoweit aber äquivalentes Mittel gewählt wird, um den Erfolg der Erfindung wenigstens in geringerem Grade herbeizuführen, ebensowenig kann es gestattet sein, von den im Patentanspruche angegebenen Mitteln ein einzelnes nur graduell wesentliches auszuscheiden und sich mit einem verhältnismäßig abgeschwächten Erfolge zu begnügen[15]).

Indessen ist der Teilschutz in diesem beschränkten Sinne nichts Besonderes. Der Patentinhaber wird gegen Verletzungen der mannigfachsten Art geschützt, und diejenigen Fälle, in denen man von Teilschutz sprechen kann, sind von den andern Fällen nicht grundsätzlich verschieden. Wie die Weglassung eines nur graduell wirkenden Mittels, so schließt auch die Hinzufügung eines den Erfolg noch verbessernden Mittels oder der Ersatz eines brauchbaren durch ein anderes, mehr oder weniger oder gleich brauchbares Mittel die Patentverletzung nicht aus, sofern nur der Erfindungsgedanke zu dem gleichen Zweck benutzt worden ist[16]).

Ein Teilschutz in dem angegebenen beschränkten Sinne findet auch dann statt, wenn der erfundene Gegenstand mehrere Erfindungsmerkmale enthält. Ist A durch a und b gekennzeichnet und sind hier a und b nicht nur in ihrer Kombination, sondern jedes für sich neu und eigenartig, so fällt jeder Gegenstand, der dem gleichen Zwecke dient wie A, mag er nun a und b, oder nur a oder nur b enthalten, unter das Patent[17]).

---

[14]) Die Anwendung des Verfahrens braucht darum nicht patentverletzend gewesen zu sein; sie kann z. B. im Auslande stattgefunden haben (vgl. unten S. 59).

[15]) Bl. 1906, S. 37, RG.; Bl. 1912, S. 157, RG.; Bl. 1912, S. 107, RG.; M. u. W. XII, S. 549, RG.

[16]) Bl. 1908, S. 185, LG., Berlin; Bl. 1909, S. 306, RG.; Bl. 1913, S. 125, RG.

[17]) Ind. 1913, S. 188, RG.

Dagegen sind die einzelnen Vorgänge, aus denen sich ein patentiertes Verfahren, oder die einzelnen Teile, aus denen sich eine patentierte Sache zusammensetzt, nicht als solche geschützt. Es ist daher gestattet, einen einzelnen Vorgang des Verfahrens zu benutzen, um damit nicht den Erfolg der patentierten Erfindung, sondern einen ganz andern Erfolg für einen ganz andern Zweck herbeizuführen. Das Patent soll den Inhaber in der Nutzbarmachung dessen schützen, was der erfundene Gegenstand dem Gewerbe zu leisten vermag. Die der Erfindung zugrunde liegende Idee aber ist an und für sich freies Gut. Nicht für die bloße Idee, sondern für ihre Anwendung zur Erreichung eines bestimmten im Patentanspruch gekennzeichneten Erfolges (z. B. einer besonders brauchbaren Fahrradlaterne) wird der Patentschutz erteilt[18]).

Es ist möglich, daß die einzelnen Verfahrensabschnitte oder die einzelnen Teile, aus denen sich der patentierte Gegenstand zusammensetzt, zugleich jeder für sich selbständige Gegenstände und selbständige Erfindungen bilden. Hier kommt dann, in ganz anderm Sinne in Frage, ob für diese Gegenstände ein Teilschutz, d. h. ein selbständiger Schutz, besteht. Dies ist grundsätzlich zu verneinen. Die für sich brauchbaren Gegenstände sind als Teile einer patentierten Erfindung patentrechtlich nicht anders zu bewerten als die unselbständigen Merkmale der Erfindung; sie sind nur in und mit dem Ganzen zusammen geschützt. Patentiert ist nur die Erfindung A, nicht aber auch die Erfindung a und die Erfindung b, aus deren Gegenständen sich A zusammensetzt. Hier mögen zwar a oder b vielleicht als abgeschwächte Äquivalente von A in Betracht kommen, aber ein selbständiger Schutz kommt ihnen nicht zu[19]). Ein selbständiger Patentschutz für a und b kann nur dadurch entstehen, daß diese Gegenstände jeder für sich besonders patentiert werden. Dies hat sich in der Form zu vollziehen, daß das Patentamt die Gegenstände in besonderen Ansprüchen als geschützt kennzeichnet. Allerdings darf die Auslegung unter

---

18) Vgl. oben S. 11.

19) Bl. 1894/95, S. 201, RG.; Bl. 1899, S. 33, RG. u. S. 109, RG.

besondern Umständen auch damit rechnen, daß das Patentamt in dem gewährten Anspruche auch die einzelnen Teile selbständig hat schützen wollen und dies nur in der Form nicht einwandsfrei zum Ausdruck gebracht hat[20]). Im allgemeinen ist aber zu unterstellen, daß das Patentamt, wenn es mehrere Erfindungen patentieren will, diese Erfindungen auch jede für sich besonders kennzeichnet und sie nicht in einen einzigen Anspruch unter einer einzigen Kennzeichnung zusammenfaßt.

Der unselbständige Schutz, welcher den einzelnen Teilen zukommt, ist ein wesentlich engerer, als der Schutz, den sie als selbständige Gegenstände genießen können. Denn ihr Schutz wird begrenzt durch das Bedürfnis oder den Zweck, dem die Gesamterfindung dient. Bei einem selbständigen Schutz hingegen würde ihre Brauchbarkeit schlechthin, ohne Rücksicht auf ihren Zusammenhang mit der Haupterfindung, in Betracht kommen; hier würden also alle Gebiete in den Schutz einzubeziehen sein, auf denen der Teilgegenstand sich selbständig brauchbar erweist.

Ist es zweifelhaft, welches der durch das Patent geschützte Erfindungsgegenstand ist, so muß auf den Erteilungsakt zurückgegangen werden. Das gewöhnliche Auslegungsmittel bildet hier die gedruckte Patentschrift. Indessen ist zu beachten, daß der Patentschutz bereits durch den Erteilungsbeschluß konstitutiv begründet ist[21]), und daß folglich die Patentschrift, die nachträglich vom Patentamt herausgegeben wird, keine konstitutive Bedeutung hat. Ist hiernach die Patentschrift zwar als solche für den Inhalt des Patents von Rechts wegen nicht maßgebend, so ist sie doch praktisch das für die Auslegung zunächst sich darbietende Hilfsmittel. Im Gegensatz zur früheren Praxis, auf Grund deren die Patentschrift erst nach der Erteilung des Patents von den damit betrauten Beamten des Patentamts einseitig redigiert wurde, besteht die Patentschrift gegenwärtig regelmäßig aus den der Patenterteilung zugrunde liegenden Unterlagen, nämlich Titel, Beschreibung und Patent-

[20]) Vgl. Beitrag III, S. 25 u. S. 31.
[21]) Vgl. z. B. Bl. 1900, S. 268, RG.

anspruch, die unverändert als Druckschrift herausgegeben werden. Ergeben sich auch auf Grund der Patentschrift noch Zweifel, so können diese Zweifel unter Umständen aus dem Gange des Verfahrens heraus, insbesondere aus früher aufgestellten Ansprüchen[22]) und Beschreibungen, die infolge von patentamtlichen Beanstandungen zurückgezogen oder abgeändert sind, ihre Lösung finden.

Der Gegenstand des Schutzes wird durch den Patentanspruch bestimmt[23]). Was nicht durch den Patentanspruch unter Schutz gestellt ist, ist nicht patentiert, mag es auch in der Beschreibung der Erfindung enthalten sein. Indessen ist der Patentanspruch nicht für sich allein, sondern in Verbindung mit der Beschreibung auszulegen[24]), da ja sonst die Beschreibung der Erfindung überflüssig wäre. Für die Auslegung ist auch nicht die Form, sondern die Sache entscheidend. Die Auslegung hat sich daher nicht ängstlich an den wörtlichen Ausdruck zu halten, sondern sie hat nach allgemeinen Regeln, insbesondere auch nach dem Sprachgebrauche der beteiligten Verkehrskreise, nicht bloß nach dem der Theorie[25]), zu ermitteln, was durch den Patentanspruch hat unter Schutz gestellt werden sollen. Ergibt sich hiernach, daß nur eine schlechte Fassung des Anspruchs vorliegt, und daß bei einer vernünftigen, auch der Allgemeinheit zuzumutenden Interpretation, welche dem Willen des Patentamts wie des Patentsuchers gerecht wird, die in der Beschreibung enthaltene Erfindung aus dem Patentanspruche zu entnehmen ist, so darf die Erfindung als vom Patentanspruche trotz ungeschickter Formulierung umfaßt gelten. Die Auslegung kann daher z. B.

---

22) Über die Bedeutung von sog. Verzichten vgl. Beitrag III, S. 27, aber andrerseits z. B. M. u. W. X, S. 51 (52), RG.; M. u. W. X, S. 91 (92); RG.; Bl. 1910, S. 157 (158), RG.

23) Vgl. z. B. Bl. 1896, S. 291 (295), RG.; Bl. 1906 (S. 185, PA.); Bl. 1912, S. 226, RG.

24) M. u. W. X, S. 177, RG.; M. u. W. X, S. 178, RG.; Bl. 1910, S. 318, KG. (Ind. 1911, S. 40, KG.); Bl. 1911, S. 290, RG.; Bl. 1911, S. 311, RG.; M. u. W. XI, S. 313 (314), RG.; Bl. 1912, S. 225, RG.; Bl. 1912, S. 254, RG.; Bl. 1912, S. 281, LG., Stuttgart; Bl. 1913, S. 123, RG.

25) Bl. 1911, S. 310, RG.

dazu führen, daß als Gegenstand des Schutzes nicht ein Verfahren, sondern eine Vorrichtung festgestellt wird[26]).

Ist im einzelnen Falle klargestellt, welches die durch das Patent geschützte Erfindung ist, so können noch darüber Zweifel entstehen, in welchem Maße die einzelnen Mittel und Merkmale der Erfindung wesentlich sind. Ob ein Mittel mehr oder weniger wesentlich ist, entscheidet sich nicht darnach, in welchem Maße es für die Herbeiführung des Erfolges wesentlich ist, sondern in welchem Maße es erfinderisch, d. h. eigenartig und neu ist. Es kommt darauf an, ob angenommen werden kann, daß die Eigenart des Mittels für die Patenterteilung ursächlich gewesen ist. Diese Frage ist ohne weiteres entschieden, wenn das Patentamt selbst in seiner Kennzeichnung der patentierten Erfindung das Mittel für wesentlich erklärt hat. An eine solche Kennzeichnung sind die Gerichte gebunden[27]). In gleicher Weise sind die Gerichte gebunden, wenn das Patentamt im Patentanspruche das Mittel als in seiner Anwendung für die Herbeiführung des Erfolges bereits bekannt oder selbstverständlich gekennzeichnet hat.

Soweit eine Kennzeichnung der Erfindung in ihrer Eigenart seitens des Patentamts unterlassen ist, ist es Aufgabe der Gerichte nach dem Stande der Technik zur Zeit der Anmeldung den Umfang des Patentschutzes festzustellen[28]).

Enthält die Erfindung mehrere Merkmale, und ist die Frage der Bedeutung dieser Merkmale offen geblieben, so haben die Gerichte bei der Erfüllung ihrer Aufgabe sich zu fragen, ob nur das eine oder nur das andere Merkmal, oder ob sämtliche

---

[26]) Bl. 1912, S. 276, RG.

[27]) Vgl. Beitrag III, S. 17ff., ferner Blatt 1912, S. 322, PA.; Bl. 1913, S. 38, RG.; Bl. 1913, S. 39, OLG., Düsseldorf; Bl. 1913, S. 42, LG., Leipzig.

[28]) In diesem Sinne ist auch die vielfach mißverstandene Entscheidung des Reichsgerichts, Bl. 1910, S. 157 (M. u. W. IX, S. 303. Ind. 1911, S. 40) zu verstehen. Vgl. ferner Bl. 1899, S. 33, RG.; Bl. 1906, S. 41, RG.; Bl. 1910, S. 318, KG.; M. u. W. IX, S. 91 (92), RG.; M. u. W. X, S. 345, RG.; M. u. W. X, S. 256 (257), RG.; M. u. W. X, S. 380, RG.; Bl. 1912, S. 324, RG.; Bl. 1912, S. 159, RG.; Bl. 1912, S. 183, RG.; M. u. W. XII, S. 180, RG.; M. u. W. XII, S. 548, RG.

Merkmale neu und zugleich so eigenartig sind, daß sie dem patentierten Gegenstande seine Patentfähigkeit verleihen. Dabei ist der in Frage kommende Teil nicht nur für sich, sondern auch in der Funktion zu betrachten, die ihm für die Herbeiführung des Erfolges zukommt. Kommt das Gericht hierbei zu dem Ergebnisse, daß kein einziges der vorhandenen Merkmale neu und eigenartig ist, so darf es doch dem Gegenstande in seiner Gesamtheit den Schutz nicht völlig absprechen. Denn wenn auch das Patentamt selbst kein einziges der vorhandenen Merkmale als wesentlich gekennzeichnet hat, so hat es doch jedenfalls den Gegenstand in seiner Gesamtheit patentiert, und der für den Gegenstand erteilte Patentschutz darf ihm nur auf Grund einer Nichtigkeitsklage gemäß § 28ff. des PG., aber nicht im gerichtlichen Verfahren abgesprochen werden[29]).

Die Frage der Äquivalenz ist von den Gerichten zu entscheiden. Um die Frage der Äquivalenz beantworten zu können, bedarf es zunächst der Feststellung, welches die patentierte Erfindung ist. Für diese Feststellung ist die Kennzeichnung der Erfindung durch das Patentamt maßgebend. Mit der Kennzeichnung der Erfindung hat sich aber die Zuständigkeit des Patentamts erschöpft, und darüber hinaus hat das Gericht den Schutzumfang des Patents nach dem Stande der Technik zur Zeit der Anmeldung frei und selbständig festzustellen. Das Patentamt hat nur gekennzeichnet, worin die Eigenart des erfundenen Gegenstandes besteht. Die Eigenart, die ihn von andern bekannten Gegenständen seiner Art unterscheidet, kann aber größer oder geringer sein. Je größer sie ist, um so weiter ist auch der Spielraum, innerhalb dessen sich Nachahmungen in mehr oder minder abgestufter und abgeschwächter Form vollziehen können. Ist durch den erfundenen Gegenstand eine Aufgabe zum ersten Male, oder zwar nicht zum ersten Male, aber doch in ganz eigenartiger Weise gelöst, so reicht sein Schutz weiter, als wenn nur eine Lösung gefunden ist, die vielen bereits bekannten und verwandten Lösungen gefolgt ist. Je größer der leere Raum in der Technik ist,

---

[29]) Bl. 1912, S. 159, RG.

innerhalb dessen die Erfindung ihren Platz einnimmt, um so breiter ist auch der Platz, den sie einzunehmen vermag.

Das Gericht ist zwar an die Kennzeichnung der Erfindung durch das Patentamt, nicht aber an die Gründe der Patenterteilung oder an Feststellungen des Standes der Technik durch das Patentamt gebunden.

Hat z. B. das Patentamt angenommen, daß die Erfindung eine neue Aufgabe zum ersten Male löst, so kann das Gericht feststellen, daß die Aufgabe nicht neu oder die Lösung keine erstmalige ist, und demgemäß den Patentschutz zwar nicht völlig versagen aber entsprechend beschränken. Hat hingegen das Patentamt angenommen, daß die Aufgabe nicht neu, oder daß die Lösung keine erstmalige, aber eine eigenartige ist, so kann demgegenüber das Gericht feststellen, daß die Aufgabe neu ist, oder daß eine erstmalige Lösung vorliegt, und einen demgemäß erweiterten Patentschutz gewähren[30]).

Handelt es sich um die Frage der Äquivalenz in bezug auf die Anwendung eines Mittels der Erfindung, so ist vor allem zu beachten, daß die Anwendung eines äquivalenten Mittels nur dann eine Patentverletzung bilden kann, wenn auch die Anwendung des die Erfindung kennzeichnenden Mittels selbst patentverletzend sein würde. Es ist also nicht außer acht zu lassen, daß der bloße Erfindungsgedanke als spekulative Idee nicht geschützt ist, daß also das Mittel der Erfindung nicht selbständig, sondern nur innerhalb des Rahmens des Ganzen, von dem es einen Teil bildet, Schutz genießt.

Ist hiernach zu prüfen, ob die Anwendung eines bestimmten Mittels unter dem Gesichtspunkt der Äquivalenz patentverletzend ist, so ist zuerst ins Auge zu fassen, ob der ganze Gegenstand, welcher das benutzte Mittel einschließt, in seiner Brauchbarkeit die gleichen Zwecke verwirklicht oder die gleichen Bedürfnisse befriedigt, wie der patentierte Gegenstand. Ist dies zu bejahen, so hat das Gericht, ohne indessen in die

---

[30]) M. u. W. XII, S. 548, RG.; Bl. 1913, S. 38 (M. u. W. XIII, S. 146), RG., welches hier in der Begründung der Entscheidung dem Patentamte eine zu weite Kompetenz einräumt.

Zuständigkeit des Patentamts einzugreifen, weiter festzustellen, welches die besonderen Merkmale der Erfindung sind und welche Funktion den hiernach wesentlichen Teilen für die Herbeiführung des Erfolges, d. h. für den Erfindungsgegenstand als Ganzes, zukommt. Mit dieser Feststellung ist dann der Erfindungsgedanke des geschützten Gegenstandes gegeben, und es fragt sich nur noch, ob dieser Erfindungsgedanke auch dem als äquivalent in Frage kommenden Mittel zugrunde liegt.

Bei der Frage, ob die patentierte Erfindung, sei es der Erfindungsgegenstand im ganzen oder ein einzelnes Mittel der Erfindung, in äquivalenter Form benutzt ist, kommt es nicht auf den Stand der Technik zur Zeit der Anmeldung, der sonst grundsätzlich maßgebend ist, an. Denn es kann selbstverständlich nicht gestattet sein, neuere Errungenschaften der Technik unter Benutzung des Erfindungsgedankens dazu zu verwenden, den Patentinhaber von dem ihm gebührenden Markte[31]) zu verdrängen. Jede Benutzung des Erfindungsgedankens durch einen andern ohne Erlaubnis des Patentinhabers, die in seinen Markt eingreift, verletzt das Patent, mögen auch die bei Ausführung des Erfindungsgedankens angewandten Mittel andere sein als die des Patentinhabers[32]). Dies gilt auch dann, wenn der Benutzer selbst erfinderisch tätig ist, sofern nur der Erfindungsgedanke des Patents dabei mitbenutzt ist. Denn auch hier wird der Patentinhaber in seinem Rechte auf den Markt beeinträchtigt. Was der neue Erfinder geleistet hat, hat er nur mit Hilfe des ältern Erfinders leisten können, und insoweit der Markt für beide Gegenstände derselbe ist, wird durch Benutzung der neuen Erfindung in den Markt des älteren Patentinhabers rechtswidrig eingegriffen.

Im Verhältnis der patentierten Erfindung zu späteren Erfindungen sind zwei Fälle zu unterscheiden:

I. Die später angemeldete Erfindung deckt sich in ihrem

---

[31]) Der hier und auch sonst mehrfach gebrauchte kurze Ausdruck „Markt" soll die gewerbsmäßige Benutzung der Erfindung bezeichnen, also auch die Herstellung und den Gebrauch des patentierten Gegenstandes umfassen.

[32]) Bl. 1901, S. 257, RG.; Bl. 1912, S. 226, RG.

Patentanspruche ganz oder teilweise mit der bereits patentierten Erfindung[33]).

Wird die spätere Erfindung in ihrem Gegenstande durch die bereits geschützte Erfindung ganz gedeckt, so hat der spätere Anmelder keinen Anspruch auf Patentschutz. Das Patentamt hat die Frage der Übereinstimmung von Amts wegen zu prüfen. Die Versagung des zweiten Patents erfolgt von dem Gesichtspunkte aus, daß dieselbe Erfindung, d. h. eine objektiv gleiche Erfindung, nicht nochmals durch Patent geschützt werden darf. Alles, was dem Gewerbe auf Grund des erteilten Patents verboten ist, darf nur für die Dauer des Patents, und zwar längstens fünfzehn Jahre verboten sein. Nach Erlöschen des Patents muß die geschützte Erfindung Gemeingut werden. Es kommt also darauf an, ob die spätere Erfindung durch das ältere Patent bereits gedeckt war, d. h., ob das Gewerbe bereits gehindert war, den Gegenstand der späteren Erfindung zu benutzen. Hiernach ist für die Frage der Übereinstimmung der Schutzumfang des älteren Patents maßgebend. Das Patentamt hat folglich bei seiner Prüfung nicht etwa nur die beiden Erfindungen in ihrer Kennzeichnung miteinander zu vergleichen, sondern es hat hier die Aufgabe, den gesamten Schutzumfang des älteren Patents unter Einbeziehung aller Äquivalente ganz nach denselben Grundsätzen zu prüfen, wie dies für den Fall einer Patentverletzung den Gerichten obliegt. Danach ist festzustellen, ob die spätere Erfindung, in ihrer Kennzeichnung durch den Patentanspruch, in den Schutzbereich des älteren Patents fällt. Wird dies festgestellt, so ist die Erteilung eines zweiten Patents abzulehnen. Ergibt sich die Übereinstimmung erst nach Erteilung des zweiten Patents, so ist das zweite Patent nichtig[34]).

Liegt eine Übereinstimmung nur teilweise vor, so gelten insoweit die gleichen Grundsätze. Auch hier kann dasjenige, was bereits geschützt war, nicht nochmals geschützt werden. Der spätere Anmelder muß sich mit einem beschränkten Patente

---

[33]) Vgl. Beitrag I, S. 52—53 und Beitrag III, S. 20—22 u. S. 26.
[34]) Vgl. § 10, Zff. 2 des PG.

begnügen (§ 3 Abs. 1 Satz 3 des PG.). Hat z. B. der erste Erfinder eine Maschine patentiert erhalten und erfindet ein zweiter eine im übrigen gleiche Maschine, die sich indessen von jener Maschine dadurch unterscheidet, daß ein Teil an ihr in erfinderischer Weise zweckmäßiger gestaltet ist, so kann der zweite Anmelder für die Maschine nur noch in der besonderen Form Patentschutz erhalten, die durch die eigenartige Gestaltung des Teils gekennzeichnet ist. Hat ferner der erste ein neues Erzeugnis patentiert erhalten und erfindet ein zweiter das gleiche Erzeugnis aber auf Grund eines andern eigenartigen Verfahrens, so kann der zweite Anmelder nur noch sein eigenartiges Verfahren, nicht aber das Erzeugnis geschützt erhalten.

Für die Frage, ob Übereinstimmung vorliegt, ist, wie bereits eingehend erörtert wurde[35]), nicht der Erfindungsgedanke entscheidend, sondern es kommt nur darauf an, welche Erfindung, d. h. welcher Erfindungsgegenstand angemeldet und patentiert ist. Eine Grubenlampe ist etwas anderes als eine Radfahrerlaterne. Wer sich nur die erstere schützen läßt, hat keinen Schutz für die letztere, auch wenn sie den gleichen Erfindungsgedanken verkörpert. War allerdings die Grubenlampe bereits gemäß § 2 des PG. bekannt, als der zweite Erfinder die Radfahrerlaterne anmeldete, so ist die letztere nicht mehr patentfähig, aber nicht deshalb, weil die Grubenlampe bereits patentiert war, sondern weil mit ihr der Erfindungsgedanke, auf dem auch die Radfahrerlaterne beruht, der Fachwelt bekannt geworden war. War die Grubenlampe noch nicht bekannt, so besetzt der zweite Erfinder einen Platz, den der erste Erfinder, der eine gleiche Anmeldung unterließ, freigelassen hatte, und diesen Platz, der noch nicht in den Besitz der Allgemeinheit übergegangen war, zu besetzen, war das gute Recht des zweiten Erfinders[36]). War der zweite Anmelder nicht selbst Erfinder, sondern hat er dem ersten gegenüber durch Aneignung des wesentlichen Inhalts der Erfindung,

---

[35]) Vgl. S. 11.

[36]) Vgl. Beitrag I, S. 53.

d. h. des Erfindungsgedankens, eine Entnahme begangen, so kann dieser gegen die Erteilung eines Patents auf die zweite Anmeldung Einspruch erheben. Dieser Einspruch führt indessen nur zur Versagung des zweiten Patents. Der Einsprechende hat nicht das Recht, die zweite Anmeldung sich anzueignen. Will er gleichfalls eine Fahrradlaterne auf Grund seines Erfindungsgedankens sich schützen lassen, so muß er selbst eine Fahrradlaterne anmelden. Indessen darf er der Möglichkeit einer solchen Anmeldung durch den rechtswidrigen Eingriff des zweiten nicht ganz beraubt werden. Der Gesetzgeber hat ihm daher für eine noch einzureichende Anmeldung das Recht zugestanden, zu verlangen, daß als Tag seiner Anmeldung der Tag vor Bekanntmachung der früheren Anmeldung festgesetzt werde (§ 3 Abs. 2 des PG.).

II. Das ältere Patent schließt zwar in seinem Schutzumfange die jüngere Erfindung nicht ein, aber die jüngere Erfindung kann nicht gemäß § 4 des PG. benutzt werden, ohne in das ältere Patent einzugreifen.

Hier kann auch auf die zweite Erfindung ein Patent erteilt werden, aber das zweite Patent wird von dem älteren Patente abhängig. Eine solche Abhängigkeit liegt z. B. vor, wenn das ältere Patent ein Verfahren, das jüngere eine eigenartige Maschine, mit welcher dieses Verfahren ausgeübt werden soll, schützt, oder aber das ältere Patent eine Maschine und das jüngere ein neu erfundenes Verfahren, das nur mit dieser Maschine ausgeübt werden kann. Abhängigkeit liegt ferner vor, wenn die jüngere Erfindung die ältere lediglich verbessert, oder wenn das ältere Patent einen Apparat schützt, das jüngere hingegen eine eigenartige Einrichtung, von welcher dieser Apparat in seiner Brauchbarkeit einen Teil bildet, oder wenn das ältere Patent ein Erzeugnis schützt und das jüngere ein neu erfundenes Verfahren zur Herstellung dieses Erzeugnisses. Die patentierten Erfindungen sind in allen diesen Fällen verschieden, aber sie dienen der Befriedigung desselben Bedürfnisses. Da nun dem älteren Patentinhaber bereits das Recht erteilt ist, dieses Bedürfnis, soweit seine Erfindung dabei zur Anwendung kommt, gewerbsmäßig zu befriedigen, und da die jüngere Erfindung auf der älteren aufgebaut und ihr Markt der gleiche ist, so kann der jüngere Patentinhaber seine Erfindung ohne Zustimmung des älteren nicht gewerbsmäßig benutzen; sein Patent ist also von dem älteren Patente abhängig[37]). Anderseits ist auch der ältere Patentinhaber ebensowenig wie dritte berechtigt, die Erfindung des jüngeren gewerbsmäßig zu benutzen; auch er ist also von der Erlaubnis des jüngeren abhängig, wenn er das vorhandene Bedürfnis in der vollkommenen Weise befriedigen will, die durch das Zusammenwirken beider Erfindungen gewährleistet wird. Aber der ältere Patentinhaber hat hier wenigstens denjenigen Markt[38]) zu beanspruchen, der ihm durch die Erteilung des Patents auf seine Erfindung zugeteilt war, während dem jüngeren Patentinhaber der Markt für seine Erfindung ohne Zustimmung des älteren verschlossen bleibt.

Ob ein Patent von einem älteren Patente abhängig ist, haben in Streitfällen die Gerichte zu entscheiden[39]). Das Patentamt hat lediglich die Aufgabe, die von ihm geschützte Erfindung zu kennzeichnen, und da die jüngere Erfindung mit der älteren in ihren Kennzeichen nichts gemeinsam hat, so hat das Patentamt mit der Kennzeichnung der von ihm geschützten Erfindung seine Aufgabe erfüllt. Entsteht später Streit, wie weit die Wirkung des erteilten Patents reicht, so ist das Patentamt als Nichtigkeitsinstanz ebensowenig wie im Erteilungsverfahren zuständig, die Abhängigkeit des Patents festzustellen. Denn die Kennzeichnung der Erfindung selbst wird durch diesen Streit in keiner Weise berührt und nur mit der Kennzeichnung der Erfindung hat das Patentamt sich zu befassen. Die Abhängig-

---

[37]) M. u. W. XII, S. 553, RG.; Bl. 1913, S. 125, RG.; Bl. 1913, S. 326, RG.

[38]) Vgl. oben Note 31.

[39]) Vgl. namentlich E. d. RG., ZS., Bd. 33, S. 149 (Pbl. 1894, S. 481); ferner Bl. 1897, S. 70, RG.; Bl. 1900, S. 60, RG.; Bl. 1900, S. 64, RG.; Bl. 1900, S. 195, RG.; Bl. 1901, S. 276, PA. Auch durch Bezugnahme in einem Patentanspruche auf ein erteiltes Patent darf das Abhängigkeitsverhältnis zwischen zwei Patenten nicht zum Ausdruck gelangen (Bl. 1900, S. 301, PA.).

keit des jüngeren Patents vom älteren kann also nur im Rechtswege festgestellt werden[40]).

Erlischt das ältere Patent, so fällt damit die Schranke, die der Wirkung des jüngern Patents entgegenstand. Das jüngere Patent wird nunmehr selbständig und ist wie jedes andere unabhängige Patent zu beurteilen.

Abhängigkeit in dem hier erläuterten Sinne liegt nur dann vor, wenn die jüngere Erfindung auf der älteren bereits patentierten Erfindung vollkommen beruht, d. h. wenn sie ohne diese überhaupt nicht zur Wirkung kommen kann.

Es ist aber auch möglich, daß jede von beiden patentierten Erfindungen ihren besonderen Markt hat, und daß erst bei Vereinigung beider ein gemeinsamer Markt entsteht. Dieser Fall liegt z. B. vor, wenn das ältere Patent ein Verfahren schützt, das jüngere hingegen eine Maschine, die auch für das Verfahren mit besonderem Vorteil zur Anwendung gebracht werden kann, aber im übrigen nach den verschiedensten Richtungen hin brauchbar ist. Hier ist das jüngere Patent von dem älteren nicht mehr abhängig, als letzteres von ersterem. Wenn hier beide Erfindungen in Verbindung miteinander gewerbsmäßig benutzt werden sollen, um diejenigen besonderen Vorteile zu erzielen, die erst ihre Vereinigung gewährt, so bedarf es der Zustimmung beider Patentinhaber. Keiner hat hier vor dem andern einen Vorrang.

Im allgemeinen gilt der Grundsatz, daß jeder verpflichtet ist, das Recht des andern zu respektieren, daß indessen da, wo eine Kollision eintritt, der jüngere Patentinhaber dem älteren zu weichen hat. Ist z. B. durch das ältere Patent eine Fahrradlaterne, durch das jüngere eine Grubenlaterne geschützt, und wäre es möglich, Laternen so zu konstruieren, daß sie in gleicher Weise als Grubenlaternen wie als Fahrradlaternen dienen können, so dürfte der ältere Patentinhaber Laternen dieser Art auf den Markt bringen, während dies dem jüngeren verboten wäre.

---

[40]) Über die Bedeutung einer solchen Feststellung vgl. Bl. 1901, S. 277, RG.

Was von einem dem jüngeren Erfinder entgegenstehenden älteren Patente gilt, gilt in gleicher Weise auch von einem älteren Gebrauchsmuster[41]), nur mit dem Unterschiede, daß hier allein der Fall II in Betracht kommt, weil die Frage der Doppelpatentierung hier ausscheidet[42]).

II. Das Recht des Patentinhabers.

A. Im allgemeinen.

Das Patentrecht entsteht durch die Patenterteilung. Die Patenterteilung hat nicht etwa nur die Bedeutung einer Anerkennung des Urheberrechts, sondern sie bringt ein neues, auch im Umfange größeres Recht zur Entstehung. Während der Erfinder vor der Anmeldung nur das Recht an seiner eigenen Schöpfung besaß, erwirbt er durch die Patenterteilung das Recht, jedermann, also auch alle andern Schöpfer, die vor oder nach ihm den gleichen Gegenstand selbständig erfunden haben, von der gewerbsmäßigen Benutzung dieses Gegenstandes auszuschließen (vgl. Beitrag I S. 56f.). Dieses Recht wird durch die Anmeldung und die darauf folgende Patenterteilung erst erworben; es ist ein neues Recht, das vom Patentamt konstitutiv begründet wird.

Das Recht des Patentinhabers ist ein zeitlich beschränktes Recht; es dauert längstens 15 Jahre seit dem auf die Anmeldung des Patents folgenden Tage (§ 7 des PG.).

Die Geltung des Patents beschränkt sich auf das Deutsche

---

41) Vgl. z. B. Bl. 1902, S. 133, RG.

42) Vgl. § 5 des Gebrauchsmustergesetzes vom 1./6. 1891:

„Soweit ein nach § 4 begründetes Recht in ein Patent eingreift, dessen Anmeldung vor der Anmeldung des Modells erfolgt ist, darf der Eingetragene das Recht ohne Erlaubnis des Patentinhabers nicht ausüben.

Ingleichen darf, soweit in ein nach § 4 begründetes Recht durch ein später angemeldetes Patent eingegriffen wird, das Recht aus diesem Patent ohne Erlaubnis des Eingetragenen nicht ausgeübt werden."

Reich. Gemäß besonderer Vorschrift erstreckt sich die Wirkung des Patents nicht auf Einrichtungen an Fahrzeugen, welche nur vorübergehend in das Inland gelangen (§ 5 Abs. 3 des PG.).

Der Patentschutz ist ferner gegenüber dem staatlichen Hoheitsrechte besonders beschränkt. Gemäß § 5 Abs. 2 des PG. tritt die Wirkung des Patents insoweit nicht ein, als die Erfindung nach Bestimmung des Reichskanzlers für das Heer oder für die Flotte oder sonst im Interesse der öffentlichen Wohlfahrt benutzt werden soll. Doch hat der Patentinhaber in diesem Falle gegenüber dem Reich oder dem Staate, welcher in seinem besonderen Interesse die Beschränkung des Patents beantragt hat, Anspruch auf angemessene Vergütung, welche in Ermangelung einer Verständigung im Rechtswege festgesetzt wird. Ist ohne Erlaß einer Verfügung des Reichskanzlers die Erfindung in Benutzung genommen, so findet gleichwohl eine Unterlassungsklage nicht statt; indessen ist hier ein Anspruch auf Rechnungslegung und Schadenersatz begründet, und zwar auch schon bei unverschuldeter Patentverletzung[43]), während sonst ein Entschädigungsanspruch wegen Patentverletzung nur bei Wissentlichkeit und grober Fahrlässigkeit stattfindet[44]).

Der Bestand des Patentrechts ist an die Zahlung von Jahresgebühren geknüpft. Werden diese Gebühren nicht innerhalb der gesetzlich vorgeschriebenen Fristen bezahlt[45]), so erlischt das Patent.

Zusatzpatente, für welche außer der ersten Jahresgebühr weitere Gebühren nicht zu entrichten sind, erreichen mit dem Hauptpatente ihr Ende.

Auf das Patent kann verzichtet werden. Verzichtserklärungen sind an das Patentamt zu richten. (Vgl. § 130 BGB.)

Die Erteilung des Patents gibt dem Patentinhaber selbstverständlich nicht das Recht, gegen die Gesetze zu verstoßen

---

[43]) Vgl. Kohler: M. u. W. XII, S. 394 ff.; Isay: GR., 1912, S. 141; Al Katz: Ind. 1912, S. 25; Bl. 1911, S. 314, LG., Berlin; Bl. 1912, S. 155, RG.; M. u. W. XI, S. 441, KG.; Bl. 1912, S. 278, RG.; Bl. 1913, S. 119, RG.

[44]) Vgl. unten S. 81 ff.

[45]) Dies ist in anderem Zusammenhange näher zu behandeln.

oder bestehende Privatrechte, z. B. ein älteres Patentrecht oder Gebrauchsmuster[46]) zu mißachten.

Das Recht aus dem Patent ist wie der Anspruch auf Patenterteilung vererblich, und es kann beschränkt oder unbeschränkt durch Vertrag oder durch Verfügung von Todes wegen auf andere übertragen werden. Der Übergang richtet sich nach den Bestimmungen des bürgerlichen Rechts.

Die Übertragung durch Vertrag bedarf keiner besonderen Form (vgl. §§ 413, 398ff. und 151 des BGB.)[47]). Der Erwerber kann jedoch auf seine Kosten vom Veräußerer die Ausstellung einer öffentlich beglaubigten Urkunde über die Abtretung verlangen (§§ 403, 413 des BGB.). Der Veräußerer haftet, falls nach der Natur des zugrunde liegenden Rechtsgeschäfts eine Haftung überhaupt stattfindet, im Zweifel nur für die Existenz des Patentrechts; es besteht also keine unbedingte Gewährleistungspflicht[48]).

Zur Geltendmachung des Rechts aus dem Patent ist nur der in die Patentrolle eingetragene Patentinhaber legitimiert. Solange der neue Inhaber in die Rolle nicht eingetragen ist, bleibt der frühere Inhaber nach Maßgabe des Patentgesetzes berechtigt und verpflichtet[49]). Der Übergang muß in beweisender Form zur Kenntnis des Patentamts gebracht werden[50]).

Wer nicht im Inlande wohnt, kann die Rechte aus dem Patent nur geltend machen, wenn er im Inlande einen Vertreter bestellt hat[51]). Der Vertreter ist zur Vertretung in dem nach Maßgabe des Patentgesetzes stattfindenden Verfahren, sowie in den das Patent betreffenden bürgerlichen Rechtsstreitigkeiten und zur Stellung von Strafanträgen befugt.

---

[46]) Vgl. S. 28ff.

[47]) Bl. 1911, S. 218 (219), RG.

[48]) Bl. 1911, S. 250, PG. (M. u. W. XI, S. 80): „Der Kauf eines Patents ist im allgemeinen ein gewagtes Geschäft, der Käufer kann in der Regel den Verkäufer nicht auf Gewährleistung in Anspruch nehmen, wenn sich die Erfindung als nicht brauchbar oder als nicht nutzbringend verwertbar herausstellt."

[49]) Vgl. § 19 des PG. und unten S. 87.

[50]) Dies ist in anderem Zusammenhange zu behandeln.

[51]) Vgl. § 12 des PG.

Der Patentinhaber, der gemäß § 12 einen Vertreter bestellt hat, ist indessen nicht genötigt, sich des Vertreters bei seinen Prozeßhandlungen zu bedienen; er kann seine Rechte auch selbst geltend machen[52]). Dagegen ist die Behörde ebenso wie der Prozeßgegner befugt, sich an die Person des Vertreters zu halten.

Das Patent kann auch Gegenstand eines Nießbrauchs oder Pfandrechts sein. In die Patentrolle werden diese Rechte nicht eingetragen.

Das Patent unterliegt ferner der Zwangsvollstreckung[53]).

Mitrechte an Patenten können sowohl im Wege gemeinsamer Anmeldung wie durch Übertragung entstehen. Mitrechte werden, ohne Angabe der Quoten, in der Patentrolle vermerkt. Jedem Mitinhaber steht in Gemeinschaft mit seinen Mitberechtigten das ganze Patent zu[54]). Das Patentrecht als solches ist unteilbar; es kann weder territorial, noch zeitlich, noch auch nach einzelnen Benutzungsarten geteilt werden. Die nach dieser Richtung hin von den Teilhabern getroffenen Abmachungen sind zwar gültig und verpflichten auch die Rechtsnachfolger, aber sie teilen nicht das Patentrecht selbst, sondern regeln nur die Benutzung. Auf die zwischen den Patentinhabern bestehende Gemeinschaft finden die Vorschriften der §§ 741 ff. des BGB. Anwendung.

B. Das Recht des Patentinhabers auf ausschließliche gewerbsmäßige Benutzung der Erfindung.

Das Patent gewährt seinem Inhaber das Recht, die Erfindung für die Dauer des Patents ausschließlich gewerbsmäßig zu benutzen. Daß dieses Recht auf die gewerbsmäßige Benutzung beschränkt ist, entspricht dem Grundgedanken des Patentgesetzes, welches sich die Förderung des Gewerbes zur Aufgabe gemacht hat und den Patentschutz auf solche Erfindungen beschränkt, die eine gewerbliche Verwertung ge-

52) Bl. 1899, S. 239, RG.

53) Vgl. Wertheimer in der Leipziger Zeitschrift f. Handelsrecht usw. 1908, S. 279 ff. u. S. 352 ff.

54) Bl. 1911, S. 248, RG.

statten. Es ist daher ganz folgerichtig, daß dem Patentinhaber die ihm für die Förderung des Gewerbes gewährte Belohnung gerade auf gewerblichem Gebiete zuteil wird. Wäre nicht die Förderung des Gewerbes der Zweck des Gesetzes, so läge ebensowenig ein Anlaß vor, den Patentschutz objektiv auf gewerblich verwertbare Erfindungen wie subjektiv auf die gewerbsmäßige Benutzung zu beschränken.

Dadurch, daß der Patentinhaber das Recht auf die ausschließliche gewerbsmäßige Benutzung der Erfindung erhält, wird der Allgemeinheit nicht etwas, was sie hatte, entzogen, sondern sie wird in der Bereicherung, die ihr aus der Kundgebung der Erfindung zufließt, beschränkt. Sie wird also an und für sich bereichert, freilich zunächst nur mit der Einschränkung, die sich aus der Erteilung des Patents ergibt.

Das Recht aus dem Patent ist ein positives Recht mit konkret bestimmtem Inhalte, das zivilrechtlich und strafrechtlich Schutz genießt. Es erschöpft sich nicht in der Befugnis, andern die Benutzung der Erfindung zu verbieten, so daß ein Verbot des Patentinhabers voraufgehen müßte, ehe die Benutzung rechtswidrig wäre, sondern es ist ein Recht, wie das Eigentumsrecht, das durch einen fremden Eingriff ohne weiteres verletzt wird. Das vom Patentinhaber im Einzelfalle ausgesprochene Verbot einer Benutzung der Erfindung macht nicht den Inhalt des Rechts aus, sondern ist nur dessen Betätigung.

Das Recht des Patentinhabers hat zwar nur die gewerbsmäßige Benutzung der Erfindung zum Gegenstande. Indessen steht diesem Rechte kein Recht der Allgemeinheit auf nichtgewerbsmäßige Benutzung gegenüber, so daß zwischen diesen beiden Rechten im einzelnen Falle die Grenze festzustellen wäre. Bei einem Konflikt ist also lediglich das Recht des Patentinhabers maßgebend. Die Allgemeinheit hat auf die Benutzung der Erfindung überhaupt kein Recht, wenn ihr auch die Benutzung insoweit nicht verwehrt ist, als dadurch das Recht des Patentinhabers auf ausschließliche gewerbsmäßige Benutzung nicht verletzt wird. Jede Benutzung, welche dieses Recht verletzt, ist rechtswidrig.

Das Recht das Patentinhabers auf gewerbsmäßige Benutzung der patentierten Erfindung geht indessen nicht so weit, daß jede Benutzung ohne Erlaubnis des Patentinhabers schlechthin patentverletzend wäre; denn dann wäre die in der Gewerbsmäßigkeit liegende Beschränkung gegenstandslos. Eine rein private Benutzung beeinträchtigt den Patentinhaber nicht wesentlich. Wäre auch die rein private Benutzung dem Patentinhaber ausschließlich vorbehalten, so wäre damit für den Patentinhaber praktisch kaum etwas gewonnen; er könnte ein solches Recht nur in kleinlicher Weise oder zur Schikane gebrauchen. Die rein private Benutzung der patentierten Erfindung, z. B. für Studienzwecke oder für den persönlichen oder häuslichen Bedarf ist daher frei[55]).

Will man hiernach, soweit es sich um Benutzung ohne Erlaubnis des Patentinhabers handelt, die gewerbsmäßige Benutzung zur rein privaten Benutzung in Gegensatz stellen in dem Sinne, daß der Allgemeinheit die rein private Benutzung gestattet, dagegen die gewerbsmäßige Benutzung verboten ist, so darf der Ausdruck „gewerbsmäßig" jedenfalls nicht strikt verstanden werden. Nicht eine jede Benutzung ist gestattet, die nicht gewerbsmäßig ist, sondern nur solche Benutzungen sind erlaubt, die den Patentinhaber in seinem ausschließlichen Rechte auf gewerbsmäßige Benutzung nicht beschränken. Wer als Menschenfreund patentierte Gegenstände ohne Erlaubnis herstellt und an andere unentgeltlich abgibt, beschränkt die gewerbsmäßige Benutzung des Patentinhabers nicht weniger, als wer diese Handlungen in der Absicht, sich Erwerb zu verschaffen, vornimmt.

Die verbotene gewerbsmäßige Benutzung, wenn man den Ausdruck „gewerbsmäßig" hier anwenden will, setzt daher nicht voraus, daß die Benutzung grade in Ausübung eines Gewerbes erfolgt. Jede Benutzung, die ihrem Umfange nach über den persönlichen oder häuslichen Bedarf hinausgeht, ist im Sinne des Gesetzes eine gewerbsmäßige[56]). Als eine solche gilt z. B. die Herstellung patentierter Waffen durch die staatliche

[55]) Bl. 1897, S. 150, RG.; Bl. 1907, S. 217, RG.
[56]) Bl. 1898, S. 145, RG.; 1907, S. 217, RG.; 1912, S. 219, RG.

Gewehrfabrik, der Gebrauch eines patentierten Säbels in der Armee, die Benutzung patentierter Krankenbahren in Krankenhäusern, patentierter Lehrmittel oder Schulbänke in Unterrichtsanstalten, patentierter Kupplungen im staatlichen Eisenbahnbetriebe, patentierter Läutevorrichtungen durch Kirchengemeinden usw.

Daß auch eine Benutzung, die nicht eigentlich gewerbsmäßig ist, dem Verbote unterliegt, hat der Gesetzgeber mittelbar dadurch anerkannt, daß er die Wirkung des Gesetzes in § 5 Abs. 2 insoweit ausgeschlossen hat, als die Erfindung nach Bestimmung des Reichskanzlers für das Heer oder für die Flotte oder sonst im Interesse der öffentlichen Wohlfahrt benutzt werden soll; denn sonst hätte es dieser Bestimmung nicht bedurft, da die Benutzung der Erfindung in den angegebenen Fällen keine Ausübung eines Gewerbes ist. Und auch in diesem Falle ist dem Patentinhaber, obwohl hier kein Gewerbe betrieben wird, ein Anspruch auf angemessene Vergütung gegenüber dem Reiche oder dem Staate, welcher in seinem besonderen Interesse die Beschränkung des Patents beantragt hat, besonders zugesichert[57]).

Wird die patentierte Erfindung in Ausübung eines Gewerbes benutzt, so liegt eine gewerbsmäßige Benutzung stets vor. Dies gilt selbst dann, wenn die Erfindung zu dem betriebenen Gewerbe nicht in einer solchen Beziehung steht, daß sie auf eine Förderung oder Erleichterung grade dieses Betriebes abzielt. Soweit ein Gewerbebetrieb stattfindet, fordert das Gesetz von jedem die Beachtung fremder ausschließlicher Gewerberechte. Wer eine Erfindung tatsächlich in einem bestimmten Gewerbebetriebe, wenn auch ohne innere Beziehung zu diesem benutzt, eignet sich damit die wirtschaftlichen Vorteile der Erfindung für seinen Gewerbebetrieb an[58]). Die Benutzung einer patentierten Heizvorrichtung in Räumen, die einem Gewerbebetriebe, welcher Art dieser auch sei, dienen, hat daher als gewerbsmäßig zu gelten. Dagegen liegt Gewerbsmäßigkeit

---

[57]) Vgl. S. 32.
[58]) Bl. 1897, S. 150, RG.

dann nicht vor, wenn sich jemand in seinem Gewerbebetriebe einen Gegenstand, der in diesem Betriebe sonst nicht hergestellt wird, lediglich für den Privatgebrauch anfertigen läßt[59]). Hier dient nicht der patentierte Gegenstand der Förderung des Gewerbes, sondern es dienen umgekehrt die vorhandenen Einrichtungen außerhalb ihres eigentlichen gewerblichen Betriebes der Herstellung des patentierten Gegenstandes.

Auch die nur einmalige Benutzung ist gewerbsmäßig, wenn sie in Ausübung eines Gewerbes erfolgt, denn sonst würde der erste Fall der Benutzung stets erlaubt sein. Dies gilt auch von einer Benutzung, bei welcher die Absicht der Wiederholung nicht vorliegt.

Eine Benutzung der Erfindung im Sinne des § 4 des PG. findet nicht nur dann statt, wenn der in einem einzelnen Erfindungsgegenstande verkörperte Erfolg durch Gebrauch ausgenutzt wird. Es soll nach dem Patentgesetze die Aufgabe der Erfindung sein, dem Gewerbe Nutzen zu bringen, und darin liegt, daß die Erfindung erst dann den vom Gesetze gewollten vollen Nutzen stiftet, wenn sie überall angewandt wird, wo ein Bedürfnis ihrer Anwendung hervortritt. Dieses Bedürfnis gewerbsmäßig zu decken, ist für die Dauer des Patents ausschließlich dem Patentinhaber vorbehalten. Bei einem körperlichen Gegenstande erfolgt eine Benutzung in diesem Sinne, d. h. eine Benutzung, die die Erfindung aus dem Stadium der bloßen Erkenntnis heraus in den Genuß der Allgemeinheit bringt, dadurch, daß der Gegenstand gewerbsmäßig hergestellt, sodann feilgehalten und in den Verkehr gebracht wird, um schließlich überall, wo ein Bedürfnis besteht, gebraucht zu werden. Wäre dem Patentinhaber nur der gewerbsmäßige Gebrauch, nicht auch das gewerbsmäßige Inverkehrbringen geschützt, so wäre das Patent für ihn in vielen Fällen, nämlich bei allen privaten Gebrauchsgegenständen, so gut wie wertlos.

Der Wert, den das Patent für seinen Inhaber hat, besteht nicht allein darin, daß er selbst die patentierte Erfindung frei von Konkurrenz im Gewerbe benutzen kann, sondern vor allem

---

[59]) Pbl. 1887, S. 65, RG.

darin, daß er das Recht hat, andern nach Belieben gegen Entgelt durch Lizenz[60]) die Benutzung zu gestatten.

Benutzen lediglich andere Personen mit Erlaubnis des Patentinhabers die Erfindung, so sind auch nur sie die Benutzer. Indessen kommt dem Patentinhaber der Nutzen, den die Erfindung zu stiften vermag, auch in diesem Falle mittelbar zugute, obwohl er nicht selbst der Benutzer ist. Denn je größer der Nutzen der Erfindung ist, um so höher wird der Patentinhaber regelmäßig die vertragsmäßige Gegenleistung bemessen, die er für die Erteilung der Lizenz beansprucht. Der Nutzen, den ein einzelner Erfindungsgegenstand hat, kann sogar im Vergleich mit dem Vorteil, den der Patentinhaber aus dem Patentrechte schöpft, sehr gering sein, sofern nämlich das Bedürfnis nach Gegenständen der Erfindung weitverbreitet und die Nachfrage deshalb eine sehr große ist.

Die Lizenz selbst ist kein Benutzungsakt[61]). Die Allgemeinheit wird durch das bestehende Patentrecht in der Benutzung lediglich beschränkt und kann die Erfindung erst dann voll ausnutzen, wenn das Patent erloschen ist. Solange die Benutzung von der Erlaubnis des Patentinhabers abhängt, kann dieser die Allgemeinheit für die Benutzung tributpflichtig machen. Geschieht dies, so liegt darin keine Benutzung der Erfindung, sondern nur eine Ausnutzung des Patents. Je höher der Tribut ist, um so mehr wird die Allgemeinheit in der Benutzung beschränkt, und wenn die Gebühr, die sich der Patentinhaber vom Lizenznehmer hat zahlen lassen, so übermäßig hoch ist, daß der von dem letztern geforderte Marktpreis den Wert des Erfindungsgegenstandes übersteigt, so kommt es zu einer weiteren Benutzung der Erfindung als dem Herstellen und Feilhalten überhaupt nicht. Erteilt andrerseits der Patentinhaber die Erlaubnis zur Benutzung ganz allgemein und unentgeltlich, so räumt er damit nur die Schranke, die der Benutzung durch die Allgemeinheit entgegensteht, hinweg, benutzt aber nicht selbst die Erfindung, ebensowenig als wenn er auf das Patent verzichtet.

---

[60]) Vgl. hierüber S. 61 ff.

[61]) Vgl. auch S. 56.

Für die Benutzung kommen vier einzelne Akte, die Herstellung, das Inverkehrbringen, das Feilhalten und der Gebrauch in Betracht. Diese Akte sind bereits bei Prüfung des Patenthinderungsgrundes der offenkundigen Vorbenutzung eingehend behandelt, indessen sind sie dort vom Gesichtspunkte ihrer Neuheitsschädlichkeit betrachtet, während es sich hier um die Benutzung einer bereits patentierten Erfindung handelt. Im allgemeinen ist zwar unter Benutzung hier wie dort das gleiche zu verstehen, im einzelnen ist aber die Verschiedenheit des Gesichtspunkts, wie sich namentlich beim Feilhalten ergeben wird, nicht ganz ohne Bedeutung.

Neuheitsschädlich ist die offenkundige Vorbenutzung der Erfindung deshalb, weil bei ihr aus der Erfindung der ihrer Brauchbarkeit entsprechende Nutzen herausgeholt wird und weil dem Gewerbe hier der freie Zugriff nicht mehr verwehrt werden kann, wenn die Benutzung, ohne daß die Erfindung gegen Nachahmung geschützt ist, so offenkundig erfolgt, daß das Gewerbe sich ihrer zu bemächtigen vermag. Für die patentierte Erfindung hingegen kommt es nicht allein darauf an, daß sie benutzt wird, sondern von wem sie benutzt wird, und ob die Benutzung ohne Erlaubnis des Patentinhabers erfolgt. Ist die Erfindung nicht brauchbar, so trifft der Nachteil den Patentinhaber, ist sie nicht ausführbar, so ist das erteilte Patent nichtig. Wird sie hingegen offenkundig benutzt, so kann dies als Vorgang für Nachahmungen nicht dienen, weil die Erfindung unter Patentschutz steht. Die patentierte Erfindung gewerbsmäßig zu benutzen, steht ausschließlich dem Patentinhaber zu, und jeder einzelne Benutzungsakt, der dem Patentinhaber vorbehalten ist, verletzt das Patent, wenn er unerlaubt vorgenommen wird.

1. Die Benutzung körperlicher Gegenstände.

a) Die Herstellung.

Der Patentinhaber kann die patentierte Sache frei von Konkurrenz gewerbsmäßig herstellen.

Zwar verursacht die Herstellung nur Kosten, und sie erscheint, sofern es sich nicht um eine rein private Benutzung handelt, zwecklos, wenn der Hersteller weder berechtigt ist, den Gegenstand selbst zu gebrauchen, noch ihn an andere abzusetzen. Indessen ist die Herstellung der Sache regelmäßig der erste Akt in der Benutzung der Erfindung, und dieser Akt ist so wesentlich, daß er die unentbehrliche Grundlage für das Inverkehrbringen und den Gebrauch bildet. Ist der patentierte Gegenstand unbefugt hergestellt, so liegt auch die Gefahr vor, daß er unbefugt gebraucht oder in Verkehr gebracht wird. Grade aus der unbefugten Herstellung wird im allgemeinen auch die Absicht des Herstellers, eine weitere Benutzung der Erfindung in dem hergestellten Gegenstande folgen zu lassen, entnommen werden können, weil sonst die Herstellung zwecklos gewesen wäre. Hätte der Hersteller diese Absicht nicht gehabt, so hätte er sich schon vor der Herstellung, um nutzlose Kosten zu sparen, des Einverständnisses des Patentinhabers mit der Benutzung vergewissert.

Schon mit Rücksicht hierauf hat also der Gesetzgeber mit gutem Grunde die gewerbsmäßige Herstellung der patentierten Sache an die Erlaubnis des Patentinhabers gebunden.

Die unerlaubte Herstellung ist also für sich allein eine unbefugte Benutzung der Erfindung, und sie ist selbst dann rechtswidrig, wenn sie zu erlaubtem Zwecke geschieht, z. B. wenn der Hersteller die Absicht hat, den Gegenstand nicht im Inlande, sondern im Auslande, oder erst nach Ablauf des Patents im Inlande abzusetzen. Auch eine gewerbsmäßige Herstellung durch die Konkurrenz kurz vor Ablauf des Patents schädigt den Patentinhaber. Denn sie bietet der Konkurrenz die Möglichkeit, den patentierten Gegenstand auf Vorrat herzustellen, und im Hinblick hierauf können sich die Abnehmer veranlaßt finden, die Deckung ihres Bedarfs solange wie möglich hinauszuschieben, um unmittelbar nach Erlöschen des Patents für einen billigeren Preis in den Besitz der gewünschten Ware zu kommen. Hierdurch würde aber dem Patentinhaber sein Recht auf den Markt für die letzte Zeit vor Ablauf des Patents verkümmert. Das gleiche gilt für den Export. Es ist gerecht, daß die gewerbsmäßige Herstellung der für den Export bestimmten Ware dem Patentinhaber im Inlande ausschließlich zusteht, da sonst die mit dem Patentinhaber konkurrierende inländische Industrie für den Absatz nach dem Auslande seine Erfindung ohne jede Gegenleistung nutzbar machen könnte.

Aus allen diesen Gründen hat der Gesetzgeber mit Recht die gewerbsmäßige Herstellung des patentierten Gegenstandes im Inlande ohne Erlaubnis des Patentinhabers schlechthin verboten.

Unter Herstellung ist die gesamte Tätigkeit, durch welche der patentierte Gegenstand geschaffen wird, zu verstehen. Setzt sich der Gegenstand aus mehreren Teilen zusammen, die für sich besonders hergestellt werden, um dann schließlich miteinander verbunden zu werden, so erschöpft sich die Herstellungstätigkeit nicht etwa in der den Abschluß bildenden Zusammensetzung, sondern sie umfaßt auch die Herstellung der einzelnen Teile. Hiernach kann eine Verletzung des Patents darin liegen, daß nur ein Teil der Herstellungstätigkeit im Inlande, der übrige Teil aber im Auslande vollzogen wird.

Sind die im Inlande hergestellten Teile selbständige Sachen oder Sachteile, die Gegenstand des Güterverkehrs sein können, so genügt es zur Patentverletzung nicht, daß sie nach der Absicht des Herstellers bestimmt sind, im Auslande zum Erfindungsgegenstande verbunden zu werden. Es ist vielmehr erforderlich, daß ihre Zusammengehörigkeit als künftige Teile des patentierten Gegenstandes auch äußerlich einen erkennbaren Ausdruck gefunden hat. Der Hersteller im Inlande macht sich nicht etwa einer im Auslande begangenen Patentverletzung unter dem Gesichtspunkte der Teilnahme schuldig. Denn die im Auslande erfolgende Herstellung verletzt das Patent nicht, da die Wirkung des Patents sich auf das Inland beschränkt. Ist aber die Herstellung der einzelnen Gegenstände im Inlande sonst erlaubt, so liegt eine das Patent verletzende Herstellungstätigkeit im Inlande nur dann vor, wenn diese Tätigkeit selbst bereits eine patentverletzende ist. Die Herstellung der einzelnen Teile im Inlande ist also nur dann patentverletzend, wenn sie die Herstellung des patentierten Gegenstandes im Auslande nicht bloß vorbereitet, sondern tatsächlich zum Teil bereits verwirklicht hat, sei es durch eine vollzogene Verbindung einzelner Teile, sei es durch ihre besondere Gestaltung, oder auf andere Weise[62]). Die bloße Übernahme der Herstellung, ohne Offerte, enthält dagegen keine Patentverletzung, wenn sich der Akt der Herstellung demnächst allein im Auslande vollzieht.

Das gleiche gilt für eine Herstellungstätigkeit, die vor Ablauf des Patents begonnen ist und nach Ablauf zu Ende gebracht wird.

Die Herstellung als Akt der Benutzung setzt voraus, daß ein dem Zwecke der Erfindung entsprechender wirtschaftlich brauchbarer Gegenstand hergestellt wird. Ein Gegenstand, der diesen Zweck nicht erfüllt und nur als Modell zur Veranschaulichung der Erfindung dienen soll, ist kein im Sinne des § 4 des PG. hergestellter Gegenstand. Bei seiner Herstellung handelt es sich nicht um einen Akt der Benutzung, sondern um einen Akt, der lediglich das Verständnis der Erfindung zu fördern und ihre Kenntnis weiter zu verbreiten bestimmt ist.

In welcher Weise der patentierte Gegenstand hergestellt wird, ob grade nach dem Verfahren, das der Patentinhaber in seiner Beschreibung der Erfindung angegeben hat, oder selbst zur Anwendung bringt, oder anwenden läßt, oder nach einem ganz andern Verfahren, ist dem Patentrechte gegenüber bedeutungslos. Dem Patentinhaber ist der körperliche Gegenstand als solcher geschützt, und jede gewerbsmäßige Herstellung des gleichen Gegenstandes ohne seine Erlaubnis verletzt das Patentrecht.

Reparaturen des patentierten Gegenstandes sind gestattet, wenn es sich nur darum handelt, den Gegenstand wieder gebrauchsfähig zu machen. Jedoch dürfen diese Reparaturen das gewöhnliche Maß nicht überschreiten. Es liegt in der Natur der Dinge, daß Gebrauchsgegenstände schließlich unbrauchbar werden und durch neue ersetzt werden müssen. Den hiernach erforderlichen Ersatz zu stellen, ist innerhalb des Gewerbes

---

[62]) E. d. RG. ZS. Bd. 40 S. 78 (Bl. 1897, S. 229); Mitt. v. Verb. D. PA. IX, S. 60 (63), RG. Dagegen Kohler: GR. 1912, S. 34. Vgl. auch Bl. 1913, S. 225 (M. u. W. XII, S. 466), RG. (Gebrauchsmuster).

nur der Patentinhaber befugt. Es ist insbesondere nicht erlaubt, den Teil der Sache, welcher das Merkmal der Erfindung enthält, durch einen neuen zu ersetzen.

b) Das Inverkehrbringen.

Das gewerbsmäßige Inverkehrbringen des patentierten Gegenstandes schafft die Möglichkeit seiner Benutzung durch beliebige Personen. Es befriedigt den im Verkehr vorhandenen Bedarf nach dem Gegenstande der Erfindung und schmälert folglich, wenn es von einer unbefugten Person ausgeht, dem Patentinhaber widerrechtlich den Markt für seine patentierte Ware.

Für den Patentinhaber bildet das gewerbsmäßige Inverkehrbringen den wichtigsten Akt der Benutzung. Durch das gewerbsmäßige Inverkehrbringen wird der patentierte Gegenstand der Allgemeinheit zugänglich gemacht, so daß jedermann im Verkehr in der Lage ist, gegen Zahlung des Preises seinen Bedarf nach dem Gegenstande zu befriedigen. Das gewerbsmäßige Inverkehrbringen steht dem Patentinhaber ausschließlich zu. Er allein kann gewerbsmäßig den Bedarf nach dem Gegenstande decken und durch Preisbestimmung oder, wenn er den Bedarf nicht selbst deckt, durch Lizenzgebühren aus seinem Patentrechte die Vorteile ziehen, die die Nutzbarkeit der Erfindung ihm gewährt. Auch alle diejenigen, die den patentierten Gegenstand nicht gewerbsmäßig gebrauchen wollen, sind, wenn sie ihren Bedarf nach dem Gegenstande auf dem Markte decken wollen, genötigt, ihn vom Patentinhaber oder seinen Lizenznehmern zu beziehen. Bei sehr vielen Erfindungsgegenständen kommt ein gewerbsmäßiger Gebrauch überhaupt nicht in Frage; hier ist das Inverkehrbringen der einzige Benutzungsakt, der für den Patentinhaber bei der Verwertung des Patents wirtschaftlich in Betracht kommt.

Das Inverkehrbringen erfordert, daß der patentierte Gegenstand zum Zwecke des Gebrauchs oder zu beliebiger den Gebrauch einschließender Verfügung dem Verkehr übergeben wird. Ein Inverkehrbringen liegt daher nicht vor, wenn der patentierte Gegenstand einem Handwerker zur Reparatur übergeben wird. Hier ist der Gebrauch der Sache ausgeschlossen.

Aus demselben Grunde ist es erforderlich, daß ein gebrauchsfähiger, für den Gebrauch bestimmter Gegenstand dem Verkehr übergeben wird. Die Übergabe von Zeichnungen oder Modellen trägt nur die Kenntnis von der Erfindung weiter. Die Verbreitung der Kenntnis von der Erfindung ist aber von der Verbreitung eines brauchbaren Gegenstandes der Erfindung wesentlich verschieden. Zum Verständnisse der Erfindung gehört die Erkenntnis, durch welche Mittel der Erfolg herbeigeführt wird. Einer solchen Erkenntnis bedarf es bei der Benutzung nicht; es genügt schon die Kenntnis des Erfolges, d. h. die Erkenntnis der Brauchbarkeit des patentierten Gegenstandes. Durch das Inverkehrbringen der brauchbaren Sache wird für den Empfänger die Möglichkeit des Gebrauchs unmittelbar geschaffen. Die Übergabe einer Zeichnung oder eines Modells hingegen gewährt nicht unmittelbar die Möglichkeit des Gebrauchs der patentierten Sache. Hier muß an der Hand der Beschreibung oder des Modells der zu gebrauchende Gegenstand erst hergestellt werden[63]).

Das Inverkehrbringen vollzieht sich dadurch, daß der patentierte Gegenstand in die Verfügungsgewalt einer andern, dem Verkehr angehörigen Person gebracht wird[64]). Es ist ein tatsächlicher Akt. Nicht der Vertrag über die Lieferung der patentierten Sache, sondern erst die Lieferung selbst erfüllt den Akt des Inverkehrbringens. Welches die Natur des der Lieferung zugrunde liegenden Vertrages ist, ist dabei ohne Bedeutung. Es kommt hier namentlich der Kauf, daneben aber auch Miete[65]), Leihe und selbst Schenkung[66]) in Betracht.

Die Lieferung braucht nicht an eine bestimmte Person zu erfolgen, es genügt auch die Übergabe an den Verkehr im

---

63) Bl. 1900, S. 21 RG. Vgl. indessen Bl. 1912, S. 29 RG. Hier lag nur Feilhalten, nicht aber Inverkehrbringen vor.

64) Vgl. Bl. 1906, S. 168 RG., welches hier indessen Inverkehrbringen und Feilhalten nicht auseinanderhält.

65) Vgl. z. B. Bl. 1912, S. 219 RG.

66) Vgl. oben S. 36.

allgemeinen, z. B. durch Aufstellung eines Automaten an einem öffentlichen Ort. Immerhin ist das Inverkehrbringen im Sinne des § 4 aber ein Akt der Benutzung, es muß also auf Benutzung der Erfindung gerichtet sein. Wer den Erfindungsgegenstand verliert, begeht in seiner Person kein Inverkehrbringen, wenngleich der Gegenstand dadurch in den Verkehr gelangt[67]. Es genügt indessen, daß der Gegenstand zu beliebiger, die Benutzung einschließender Verfügung übergeben wird.

Nur ein gewerbsmäßiges Inverkehrbringen verletzt das Patent. Dagegen braucht die Benutzung, welche durch Übergabe des patentierten Gegenstandes dem Empfänger ermöglicht werden soll, keine gewerbsmäßige zu sein. Der unerlaubte Absatz des patentierten Gegenstandes an Ärzte, die ihn zu Berufszwecken gebrauchen wollen, enthält ein unbefugtes Inverkehrbringen.

Nicht nur der erste, sondern auch jeder weitere Akt unerlaubten Inverkehrbringens verstößt gegen das Patent. War der erste Akt kein unerlaubter, z. B. weil ihm die Gewerbsmäßigkeit fehlte, oder weil er im Auslande erfolgte, so ist darum noch nicht jeder weitere Akt gewerbsmäßigen Inverkehrbringens ein erlaubter. Die Erlaubnis des Patentinhabers deckt indessen regelmäßig nicht nur den ersten, sondern auch die folgenden Akte[68].

Daraus, daß die Herstellung des patentierten Gegenstandes rechtmäßig erfolgt ist, folgt nicht, daß auch das Inverkehrbringen erlaubt ist; denn sonst könnten Gegenstände, die im Auslande hergestellt sind, zum Nachteil des Patentinhabers in den inländischen Verkehr gebracht werden.

Das gewerbsmäßige Inverkehrbringen ist auch dann verboten, wenn es sich nur zum Teil im Inlande, zum andern Teil aber im Auslande vollzieht. Denn die gewerbsmäßige Benutzung der Erfindung im Inlande steht ausschließlich dem Patentinhaber zu und darf ihm auch nicht zum Teil entzogen werden[69].

---

67) Vgl. auch S. 71.

68) Vgl. hierüber S. 70ff.

69) Vgl. E. d. RG. ZS. Bd. 30, S. 52; Bl. 1900, S. 168 RG.; Bl. 1902, S. 215 RG.

Wird durch Verarbeitung oder Umbildung des patentierten Gegenstandes eine neue Sache hergestellt (§ 950 des BGB.), so ist damit die Wirkung des Patents für den verarbeiteten Gegenstand beseitigt. Der Schutz für patentierte Nägel erstreckt sich nicht auf den Schrank, bei dessen Herstellung die Nägel Verwendung gefunden haben, während er für die Nägel selbst, die ihre Selbständigkeit verloren haben, erloschen ist. Durch Inverkehrbringen des Schrankes werden also nicht zugleich die Nägel in Verkehr gebracht. Indessen wurde das Patent hier sowohl durch die voraufgegangene Lieferung der Nägel, wie durch ihren Gebrauch bei der Verarbeitung verletzt[70]). Außerdem kann ein für den Patentinhaber eingetretener Rechtsverlust unter Umständen gemäß § 951 des BGB. ausgeglichen werden.

c) Das Feilhalten.

Das Feilhalten erfordert nicht, wie aus dem Worte an und für sich wohl entnommen werden könnte, daß der körperliche Gegenstand selbst vorgelegt und zum Zwecke der Abnahme bereitgehalten wird. Das Feilhalten bildet vielmehr nur das Gegenstück zur bloßen Annahme einer nicht durch Feilhalten veranlaßten Bestellung; es wird also auch durch das Angebot einer erst noch herzustellenden Sache erfüllt.

Ist die Initiative zum Abschlusse eines Kaufgeschäfts vom Käufer ausgegangen, so hatte der Verkäufer, als ihm der Vorschlag zur Lieferung unterbreitet wurde, noch keinen Anlaß gehabt, die Erlaubnis des Patentinhabers zur Lieferung einzuholen. Darin, daß er den Vorschlag annimmt und die Lieferung übernimmt, liegt noch nicht, daß er die Lieferung ohne Erlaubnis des Patentinhabers vollziehen will. Er hat sich vielleicht das ihm angebotene Geschäft nicht entgehen lassen wollen und sich deshalb zur sofortigen Annahme entschlossen, um nunmehr den Käufer sicher zu haben, indem er darauf rechnet, die Lizenz des Patentinhabers zur Lieferung zu erhalten. Liefert er den Gegenstand, ohne daß ihm die Lizenz erteilt ist, so

---

[70]) Vgl. auch S. 60.

begeht er durch Inverkehrbringen des Gegenstandes eine Patentverletzung. Dagegen liegt in dem bloßen Abschlusse des Kaufvertrags ohne Herstellung noch nichts, was das Recht des Patentinhabers verletzt.

Anders ist es, wenn die Initiative zum Abschlusse des Kaufgeschäfts vom Verkäufer ausgeht. Hier ist der Verkäufer regelmäßig in der Lage, vor Stellung seiner Offerte sich zu vergewissern, ob der Patentinhaber ihm die Erlaubnis zur Lieferung erteilen will. Hat er unterlassen, vor der Offerte diese Erlaubnis einzuholen, so wird, wenn nicht besondere Umstände vorliegen, anzunehmen sein, daß er überhaupt nicht die Absicht hat, die Erlaubnis des Patentinhabers zu erwirken. Solchen Konkurrenten gegenüber, die offenbar darauf ausgehen, den patentierten Gegenstand rechtswidrig in Verkehr zu bringen und die diese Absicht durch Feilhalten des Gegenstandes betätigen, muß der Patentinhaber besonders geschützt werden.

Mit Recht hat hiernach der Gesetzgeber auch das Feilhalten des patentierten Gegenstandes ohne Erlaubnis des Patentinhabers als einen Akt der Benutzung für sich besonders verboten, ohne daß es darauf ankommt, ob der feilgehaltene Gegenstand bereits hergestellt ist, und ob das Feilhalten zum Abschlusse von Geschäften und zur Lieferung im einzelnen Falle geführt hat.

Ein gewerbsmäßiges Feilhalten verletzt hiernach das Patent auch dann, wenn der zu liefernde Gegenstand bei der Offerte lediglich durch Zeichnung oder Beschreibung kenntlich gemacht ist, ja sogar wenn eine körperliche Herstellung des patentierten Gegenstandes überhaupt noch nicht stattgefunden hat[71]).

Hierin unterscheidet sich das Feilhalten als Akt einer Benutzung der patentierten Erfindung vom Feilhalten als Akt der offenkundigen Vorbenutzung. Wie bei der offenkundigen Vorbenutzung[72]) bemerkt wurde, liegt zwar auch in dem Feilhalten eines noch herzustellenden Gegenstandes eine auf Nutz-

[71]) M. u. W. X, S. 224, KG.; A. M. E. d. RG. StrS. Bd. 11, S. 241.
[72]) Beitrag II, S. 38.

barmachung der Erfindung gerichtete Handlung vor; indessen befindet sich hier die Erfindung noch im Stadium der bloßen Erkenntnis, nicht aber im Stadium der Nutzbarmachung. Aus diesem Grunde ist das lediglich beschreibende Feilhalten kein Benutzungsakt im Sinne des § 2 des PG., nämlich kein Akt einer bereits begonnenen Nutzbarmachung, die aus dem Gegenstande den seiner Brauchbarkeit entsprechenden Nutzen herausholt und für eine Nachbenutzung als Vorgang dienen kann. Ganz anders verhält es sich mit dem Feilhalten von Gegenständen der patentierten Erfindung. Dem Patentinhaber gegenüber liegt auch dann eine unerlaubte Benutzung vor, wenn der unbefugt angebotene Gegenstand noch gar nicht hergestellt ist. Hier handelt es sich nicht darum, ob der vorgenommene Akt neuheitsschädliche Kraft hat, sondern ob er das Patent verletzt. Dies ist der Fall. Denn auf den Markt des patentierten Gegenstandes hat allein der Patentinhaber Anspruch. Zur Versorgung des Marktes gehört es aber auch, daß die Lieferung noch nicht hergestellter Gegenstände angeboten wird. Jedes unerlaubte Angebot auf dem Markte bildet eine Benutzung im Sinne des § 4 des PG. und verletzt das Patent, auch wenn es eine Benutzung im Sinne des § 2 nicht bilden würde. Der gewöhnliche und natürliche Vorgang einer Benutzung der Erfindung ist der, daß die zu gebrauchende Sache zunächst hergestellt, sodann feilgehalten, in Verkehr gebracht und gebraucht wird. Nimmt hier ein Unbefugter den zweiten Akt vorweg, indem er die patentierte Sache anbietet, bevor er sie hergestellt hat, so nimmt er darum nicht weniger eine unbefugte Benutzung vor, die ausschließlich dem Patentinhaber zusteht. Hier kommt es nur auf das Benutzungsrecht des Patentinhabers an. Der Patentinhaber hat allein das Recht auf gewerbsmäßige Benutzung und ihm steht es vollkommen frei, ob er seine Benutzungsakte in der gewöhnlichen Reihenfolge vornehmen oder davon abweichen will. Ein Feilhalten liegt in beiden Fällen gleichmäßig vor. Aber das Feilhalten, welches keine Benutzung im engeren Sinne, sondern nur einen einzelnen Akt des Benutzungsvorganges bildet, durch welchen die Erfindung in den Genuß der Allgemeinheit gebracht wird, ist nur dann neuheitsschädlich, wenn es eine bereits begonnene Nutzbarmachung der Allgemeinheit zuführt, während es als ein unerlaubter Benutzungsakt, der dem Patentinhaber ausschließlich zusteht, stets patentverletzend ist.

Das Feilhalten wird auch nicht dadurch zu einer erlaubten Benutzung, daß der Feilhaltende die Absicht hat, zur Lieferung die Erlaubnis des Patentinhabers einzuholen. Denn das Feilhalten ist schon als solches ein besonderer Akt der Benutzung und daher an die Zustimmung des Patentinhabers gebunden. Diese Zustimmung muß vorher erwirkt sein, sonst verstößt das Feilhalten gegen das Patent.

Daß das Feilhalten grade auf käufliche Lieferung gerichtet ist, ist nicht erforderlich, obwohl dies die Regel bildet. Es genügt jedes Angebot, das auf ein Inverkehrbringen des patentierten Gegenstandes gerichtet ist, also z. B. auch ein Feilhalten zum Zwecke der Vermietung.

Das Feilhalten enthält eine Offerte für den Abschluß eines Kauf- oder sonstigen Lieferungsgeschäfts und ist insofern ein Rechtsakt; es ist aber nicht aus diesem rechtlichen Grunde, sondern aus dem tatsächlichen Grunde patentverletzend, weil es die Lieferung der Sache anbietet, also auf Inverkehrbringen gerichtet ist.

Das Feilhalten braucht nicht öffentlich zu erfolgen; es genügt Gewerbsmäßigkeit.

Das unbefugte Feilhalten im Inlande ist auch dann patentverletzend, wenn die angebotene Ware sich nicht im Inlande, sondern im Auslande befindet und dort geliefert werden soll, z. B. wenn das Angebot einem reisenden Publikum gegenüber erfolgt. Dasselbe gilt vom Angebot einer Lieferung, die erst nach Ablauf des Patents vollzogen werden soll. Denn das gewerbsmäßige Feilhalten im Inlande greift als solches in das Recht des Patentinhabers ein. Zu einem größeren gewerbsmäßigen Absatz gehört das Aufsuchen von Bestellungen, das im Inlande während der Patentzeit ausschließlich dem Patentinhaber zusteht.

d) Der Gebrauch.

Dem Patentinhaber ist nicht nur derjenige gewerbsmäßige Gebrauch der patentierten Sache geschützt, den er als besondern Vorzug seiner Erfindung in der Beschreibung angegeben hat, sondern jeder beliebige gewerbsmäßige Gebrauch[73]).

Dies schließt nicht aus, daß, wenn ein neuer Gebrauch dieser Sache, also ein Verfahren erfunden wird, dem neuen Erfinder darauf gleichfalls ein Patent erteilt wird.[74]). Der ältere Patentinhaber darf in diesem Falle seinen Erfindungsgegenstand ohne Zustimmung des jüngeren Patentinhabers für das neuerfundene Verfahren nicht gebrauchen. Anderseits ist auch der jüngere Patentinhaber in dem ihm geschützten Gebrauche an die Erlaubnis des älteren gebunden[75]).

Zum Gebrauche gehört, daß dabei der Gegenstand in den Eigenschaften, die ihn brauchbar machen, benutzt wird. Ein bloßes „besichtigen“ oder „besichtigen lassen“ ist kein Gebrauch im Sinne einer Nutzbarmachung. Hiernach liegt in der Schaustellung des Gegenstandes, um Bestellungen zu erhalten, nicht etwa neben dem Feilhalten auch noch ein Gebrauch. Denn hier erfüllt der zur Schau gestellte Gegenstand keine andere Aufgabe, als eine Zeichnung, eine Beschreibung oder ein Modell, die nur die Kenntnis von dem Gegenstande vermitteln. Auch eine Maschine, die im Leerlauf vorgeführt wird, wird nicht gebraucht, und ein Gebrauch im Sinne einer Benutzung findet nicht einmal dann statt, wenn die Vorführung im Arbeitsgange erfolgt, sofern es sich dabei nur um eine Veranschaulichung der Maschine und ihres Arbeitsganges, nicht aber auch um eine beabsichtigte Verwertung der erzielten Erzeugnisse handelt.

Wird die Erfinaung zum Gegenstande eines Vortrags gemacht, so liegt darin kein Gebrauch, auch wenn der Vortrag gegen Entgelt erfolgt. Denn der Vortrag hat nur die weitere Verbreitung der Kenntnis von der Erfindung zum Gegenstande.

---

[73]) Pbl. 1890, S. 566 (569), RG.; sowie oben S. 12.

[74]) Bl. 1900, S. 302, RG.

[75]) Vgl. S. 28ff.

Eine Propaganda, die lediglich die Kenntnis von der Erfindung weiter verbreitet, verletzt das Patent nicht; sonst müßte ja auch die Beschreibung der Erfindung in Buchform in Verbindung mit dem Vertrieb des Buches eine Patentverletzung bilden, was offenbar nicht der Fall ist. Die Verbreitung der Kenntnis von der Erfindung dient eher dem Interesse des Patentinhabers, als daß sie ihn schädigt. Denn wenn sie im Endergebnis dazu führt, daß die Erfindung ganz allgemein bekannt wird, so ist der Patentinhaber dadurch nicht entrechtet, sondern seine Chancen auf Absatz sind vielmehr vermehrt. Hieran wird auch dadurch nichts geändert, daß bei dem Vortrage die Erfindung in einem Gegenstande selbst vorgeführt wird. Denn der vorgeführte Gegenstand ist hier nur ein Hilfsmittel für den Vortrag und dient wie dieser nur der Verbreitung der Kenntnis von der Erfindung. Daß die Kenntnis von der Erfindung Gemeingut werden soll, ist ja die Aufgabe des Patentschutzes und die Konsequenz der Anmeldung; alles was nach dieser Richtung hin geschieht, verletzt folglich das Patent nicht.

Als Gebrauch kann auch ein Verbrauch in Betracht kommen, z. B. bei einem patentierten Brennstoff. Dagegen liegt kein Gebrauch vor, wenn jemand den patentierten Gegenstand lediglich aus Übermut zerstört.

2. Die Benutzung eines Verfahrens.

Das Patent auf ein Verfahren hat im Gegensatz zur körperlichen Sache nur eine Handlung oder einen Komplex von Handlungen zum Gegenstande.

Als Handlung kann das Verfahren nicht nur nicht hergestellt, sondern auch nicht in Verkehr gebracht oder feilgehalten werden[76]).

Eine körperliche Sache kann im Verkehr von Hand zu Hand gehen. Wird hier die Sache von den verschiedenen Besitzern der Reihe nach benutzt, so wird dieselbe Sache benutzt. Die

[76]) Auf einem andern Standpunkte steht das Reichsgericht. Vgl. Bl. 1898, S. 144; Bl. 1903, S. 227; Bl. 1904, S. 266; Bl. 1907, S. 151 (152); M. u. W. X, S. 50; E. d. RG. ZS., Bd. 75, S. 128 (131).

Benutzung setzt Kenntnis der Brauchbarkeit der Sache, erforderlichenfalls Befolgung einer Gebrauchsanweisung voraus. Die Benutzung ist aber nicht an den Besitz der Gebrauchsanweisung, sondern an den Besitz der Sache geknüpft; mit dem Verluste der Sache endigt für den Besitzer auch die Benutzungsmöglichkeit. Wird die Sache im Verkehr einem andern übertragen (in Verkehr gebracht), so entsteht damit für den neuen Besitzer die Möglichkeit, nunmehr dieselbe Sache zu benutzen, die bisher der frühere Besitzer benutzt hatte.

Eine Handlung ist kein körperlicher Gegenstand und kann daher nicht von Hand zu Hand gehen. Es kann zwar eine Handlung von derselben Person sowie von verschiedenen Personen mehrmals übereinstimmend vorgenommen werden. Hier handelt es sich aber nicht um dieselbe, sondern nur um eine gleiche Handlung. Dieselbe Handlung kann also nicht im Verkehr weiterübertragen, sondern es kann nur die gleiche Handlung mehrmals wiederholt werden. Die Vornahme einer Erfindungshandlung setzt Kenntnis ihres Wesens, erforderlichenfalls Befolgung einer Anweisung oder eines Rezeptes, voraus. Hiermit ist aber auch die Benutzungsmöglichkeit ein für alle Male gegeben und diese Möglichkeit ist nicht, wie beim Inverkehrbringen einer Sache, an den äußerlichen Besitz des Rezepts, sondern lediglich an die Kenntnis der Handlung geknüpft. Sie erlischt also nicht, wenn das Rezept weitergegeben wird.

Wird die Kenntnis des Verfahrens beliebigen andern Personen zugänglich gemacht, so daß diese damit in den Stand gesetzt sind, das patentierte Verfahren anzuwenden, so liegt darin keine unerlaubte Benutzung der Erfindung, die das Patent verletzt. Wie bereits beim Gebrauch körperlicher Gegenstände näher ausgeführt wurde, ist es nicht der Zweck der Patenterteilung, daß der Gegenstand des Patents geheim bleiben soll.

Es ist auch ohne Bedeutung, ob die Verbreitung der Kenntnis gegen Entgelt erfolgt und ob mit ihr die Lieferung einer Beschreibung oder eines Rezeptes verbunden ist. Das Entgelt wird nur für die Mitteilung der Kenntnis gewährt, die keine Benutzung der Erfindung ist, und das Rezept ersetzt nur die mündliche Beschreibung. Der Vertrieb eines Buches, in dem die patentierte Erfindung beschrieben ist, enthält keine Benutzung, die das Patent verletzt.

Ist mit der Verbreitung der Kenntnis die Aufforderung verbunden, das patentierte Verfahren gewerbsmäßig zu benutzen, so wird der Patentinhaber hier allerdings der Gefahr ausgesetzt, daß sein Patent verletzt wird. Gegen Beeinträchtigungen dieser Art kann sich der Patentinhaber auch durch Klage (actio negatoria) schützen[77]). Die Patentverletzung selbst, die gegen § 35 und 36 des PG. verstößt, wird aber erst dadurch begangen, daß der Aufforderung Folge geleistet und das Verfahren angewandt wird. Für die begangene Patentverletzung kann dann der Patentinhaber auch den Anstifter verantwortlich machen.

Auch bei einem patentierten Verfahren wird es sich in der Regel um körperliche Gegenstände handeln, mit denen oder in bezug auf welche das Verfahren zur Anwendung gebracht wird. Wird hier die zu gebrauchende Sache gewerbsmäßig an andere Personen geliefert, so liegt darin keine Patentverletzung, insbesondere kein Inverkehrbringen des Verfahrens[78]). Denn eine Sache kann auf verschiedene Weise gebraucht werden. Der Patentinhaber hat hier aber nur das Recht auf eine bestimmte Art des Gebrauchs; jeder andere Gebrauch steht der Allgemeinheit frei. Würde hier der Patentinhaber die gewerbsmäßige Lieferung der Sache verbieten können, so wäre das mit einem Patente auf jede Art von Gebrauch, also auf die Sache selbst gleichbedeutend. Beim Sachpatent wird ferner mit der Lieferung der Sache nur diese, nicht aber ihr beliebiger Gebrauch, in Verkehr gebracht. Ebensowenig wird folglich bei einem patentierten Verfahren mit der Lieferung der zu gebrauchenden Sache ihr Gebrauch in einzelner Beziehung in Verkehr gebracht. Auch in bezug auf das Erfordernis der Gewerbsmäßigkeit unterscheiden sich beide Fälle. Bei einem Sachpatent ist die gewerbsmäßige Lieferung der patentierten Sache

---

77) Vgl. unten S. 91.
78) Bl. 1907, S. 151, RG.

verboten, ohne daß es darauf ankommt, ob demnächst die Sache gewerbsmäßig oder nicht gewerbsmäßig gebraucht werden soll. Hier sind also auch die nicht gewerbsmäßigen Gebraucher dem Patentinhaber tributpflichtig, insofern sie genötigt sind, ihren Bedarf nach der Sache auf dem Markte des Patentinhabers zu decken. Dagegen würde es für ein patentiertes Verfahren dem nur beschränkt erteilten Patentschutze nicht entsprechen, wenn hier auch die nicht gewerbsmäßigen Gebraucher der Sache dem Patentinhaber tributpflichtig wären; denn ein Recht auf den Markt für die Sache selbst hat der Patentinhaber hier nicht. Die bloße Lieferung der zu gebrauchenden Sache ist daher nicht patentverletzend.

Selbst dann, wenn die Lieferung der Sache zu dem Zwecke erfolgt, daß damit das patentierte Verfahren gewerbsmäßig zur Anwendung gebracht werden soll, liegt nur erst die Gefahr einer Patentverletzung, gegen die der Patentinhaber sich, wie oben angegeben, schützen kann, nicht aber eine bereits begangene Patentverletzung vor. Für die demnächst begangene Patentverletzung kann allerdings unter Umständen auch der Lieferant als Anstifter, mittelbarer Täter, Mittäter oder Gehilfe verantwortlich sein. Es handelt sich dann aber nicht um ein durch Inverkehrbringen, sondern um ein durch Gebrauch (Anwendung des patentierten Verfahrens) begangene Patentverletzung. Für diese Patentverletzung kommt es nicht darauf an, ob die Sache gewerbsmäßig geliefert ist, sondern ob mit ihr das patentierte Verfahren gewerbsmäßig benutzt ist. Für die Beteiligung des Lieferanten an dieser Patentverletzung kann unter Umständen dic besondere Gestaltung der gelieferten Sache, die ihre Sonderbestimmung erkennen läßt, ein Indiz bilden.

Ist z. B. die Verwendung von Holzmehl als Streumittel für Bäckereizwecke patentiert (Patent 91670), so ist es nur verboten, Holzmehl für Bäckereizwecke gewerbsmäßig zu gebrauchen. Die Lieferung von Holzmehl hingegen ist nicht verboten, denn sonst wäre dem Inhaber des Patents nicht nur das bestimmte Verfahren, sondern das Holzmehl selbst patentiert. In dem Inverkehrbringen des Holzmehls an und für sich liegt kein Inverkehrbringen des patentierten Verfahrens[79]), mag nun der Empfänger ein Bäcker oder irgend ein anderer Gewerbetreibender sein. Wird demnächst das Holzmehl für ganz andere gewerbliche Zwecke, oder lediglich für den eigenen Haushalt oder gar nicht benutzt, so wird das Patent überhaupt nicht verletzt. Eine Patentverletzung wird vielmehr erst dadurch begangen, daß das Holzmehl gewerbsmäßig als Streumittel für Bäckereizwecke verwendet wird, und an dieser Patentverletzung kann der Lieferant allerdings unter dem Gesichtspunkte der Mittäterschaft mitschuldig oder auch als mittelbarer Täter allein schuldig sein, aber nicht schon wegen der bloßen Tatsache der Lieferung, sondern wegen seiner Beteiligung an der durch gewerbsmäßige Anwendung des patentierten Verfahrens begangenen Patentverletzung[80]). Wer Holzmehl nach dem Auslande liefert, damit es dort gewerbsmäßig als Streumittel verwendet wird, oder wer Holzmehl mit der Bestimmung liefert, daß es erst nach Erlöschen des Patents zu dem angegebenen Zwecke benutzt werden darf, verletzt in keinem Falle das Patent und kann sich auch keiner Anstiftung schuldig machen.

Endlich könnte ein unbefugtes Inverkehrbringen des patentierten Verfahrens noch darin gefunden werden, daß ein Unbefugter an andere Lizenzen zur Anwendung des Verfahrens erteilt[81]). Aber auch hierin liegt keine Benutzung der Erfindung, sondern lediglich eine Patentanmaßung, gegen die der Patentinhaber nach allgemeinem bürgerlichen Recht Schutz beanspruchen kann. Ein Inverkehrbringen könnte nur dann darin gefunden werden, wenn auch die befugte Lizenzerteilung durch den Patentinhaber selbst ein Inverkehrbringen im Sinne einer Benutzung der Erfindung enthielte. Dies trifft aber nicht zu[82]). Der Patentinhaber, welcher Lizenzen gegen Entgelt erteilt, verwertet nur sein Patentrecht ganz ebenso, als wenn er das Patent selbst kaufweise einem andern überträgt. Er macht

---

[79]) Bl. 1907, S. 130, RG.

[80]) M. u. W. XII, S. 334, RG.

[81]) In diesem Tatbestande erblickt namentlich das Reichsgericht ein Inverkehrbringen des Verfahrens. Vgl. die Entscheidungen in Note 76.

[82]) Vgl. oben S. 39.

von der ihm zustehenden Befugnis, die Erfindung zu benutzen, selbst keinen Gebrauch, sondern schiebt diese Befugnis einem andern zu. Hier wird nur das Recht an der Erfindung verwertet, nicht aber das Erfundene benutzt, ebensowenig wie eine patentierte Sache benutzt wird, wenn die Lizenz zur Benutzung dieser Sache erteilt wird. Die Lizenzgebühr, die der Patentinhaber erhält, steht ihm auf Grund des Vertrages, nicht aber unter dem Gesichtspunkte einer durch Inverkehrbringen erfolgten Benutzung zu. Sie bildet auch nur ein Entgelt für die Erlaubnis zur Benutzung, nicht aber für die Benutzung selbst. Eine Pflicht des Lizenznehmers zur Benutzung besteht im allgemeinen nicht; ist sie besonders auferlegt, so ist hierdurch nur die Pflicht zur Benutzung begründet, nicht aber schon ein Akt der Benutzung selbst vorgenommen. Dem Patentinhaber steht auch nur das gewerbsmäßige Inverkehrbringen des patentierten Gegenstandes ausschließlich zu. Auch hieraus ergibt sich, daß die Erteilung einer Lizenz keine Benutzung der Erfindung durch Inverkehrbringen des Verfahrens bedeutet; denn es würde offenbar nicht im Sinne des Gesetzes liegen, daß dem Patentinhaber die Erteilung von Lizenzen nur für den Fall ausschließlich vorbehalten ist, daß die Erteilung gewerbsmäßig erfolgt, daß also die nicht gewerbsmäßige Erteilung von Lizenzen jedermann freisteht und als rechtmäßiger Benutzungsakt auch Rechtswirkung hat. Liegt aber in der Erteilung einer Lizenz durch den Patentinhaber keine Benutzung der Erfindung, so gilt dasselbe, wenn die Lizenz von einem Unbefugten erteilt wird. Hat demnächst die unbefugte Lizenzerteilung eine gewerbsmäßige Benutzung des patentierten Verfahrens zur Folge, so kann der Lizenzerteiler als Anstifter oder mittelbarer Täter in Anspruch genommen werden.

Unter keinem der angeführten Gesichtspunkte läßt sich hiernach die Auffassung vertreten, daß ein patentiertes Verfahren durch Inverkehrbringen benutzt werden könne. Ist aber ein Inverkehrbringen des Verfahrens nicht möglich, so kann das Verfahren auch nicht feilgehalten werden.

Ein Verfahren wird dadurch benutzt, daß es ausgeübt wird. Da es sich bei der Ausübung des Verfahrens darum handelt, mit einem körperlichen Gegenstand oder in Beziehung auf einen solchen besondere Handlungen vorzunehmen, so läßt sich die Benutzung des Verfahrens als Gebrauch auffassen.

Der Gebrauch eines Verfahrens vollzieht sich in der Weise, daß das Verfahren zur Anwendung gebracht und daß dadurch der Erfolg erzielt wird, der in Verbindung mit den angewandten Mitteln die Erfindung ausmacht.

Zum Gebrauche im Sinne einer Benutzung gehört es, daß dabei die brauchbaren Eigenschaften des Verfahrens nutzbar gemacht werden. Auch bei einem Verfahren liegt daher ein Gebrauch dann nicht vor, wenn die Ausführung des Verfahrens nur dazu dient, die Kenntnis von der Erfindung zu vermitteln[83]).

Nur der gewerbsmäßige Gebrauch des Verfahrens steht dem Patentinhaber ausschließlich zu, nicht der Gebrauch für rein persönliche und private Zwecke.

Das Recht des Patentinhabers beschränkt sich auf das Inland. Maßnahmen, die im Inlande getroffen werden, um das patentierte Verfahren im Auslande auszuführen, verstoßen nicht gegen das Patent, es sei denn, daß ein Teil der Ausführung selbst sich im Inlande vollzieht[84]).

Gemäß § 4 Satz 2 des PG. erstreckt sich bei einem Patente, das für ein Verfahren erteilt ist, die Wirkung des Patents auch auf die durch das Verfahren unmittelbar hergestellten Erzeugnisse; diese Erzeugnisse dürfen ohne Erlaubnis des Patentinhabers gewerbsmäßig nicht in den Verkehr gebracht, feilgehalten oder gebraucht werden.

Diese Bestimmung bildet für solche Verfahren, die der Herstellung von Erzeugnissen dienen, eine notwendige Ergänzung des Patentschutzes. Das Verfahren als solches verursacht hier nur Kosten; es erhält seinen wirtschaftlichen Wert erst durch Absatz und Gebrauch der aus ihm hervorgegangenen Erzeugnisse. Wäre der Patentschutz auf das Verfahren selbst beschränkt, so könnte das Patent in seiner wirtschaftlichen Verwertung von andern dadurch umgangen werden, daß das

---

83) Vgl. S. 51.

84) E. d. RG. ZS., Bd. 75, S. 128.

Verfahren im Auslande zur Anwendung gebracht und daß erst die nach ihm hergestellten oder bearbeiteten Erzeugnisse in den inländischen Verkehr gebracht würden.

Das Gesetz spricht nur von „hergestellten Erzeugnissen“. Dieser Ausdruck darf, wenn man dem Zwecke des Gesetzes gerecht werden will, nicht zu eng ausgelegt werden. Das hergestellte Erzeugnis braucht nicht gerade ein aus Rohmaterial neu hergestellter Gegenstand zu sein, es genügt, daß der Gegenstand nach dem patentierten Verfahren bearbeitet worden ist und daß das Ergebnis des Verfahrens für den Gegenstand von wesentlicher Bedeutung ist[85]).

Bei Beurteilung des einzelnen Falles wird zu berücksichtigen sein, daß dem Patentinhaber das Recht auf den Markt für die nach seinem Verfahren hergestellten Erzeugnisse nicht geschmälert werden soll. Ist ein Polierverfahren geschützt, so erscheint es gerechtfertigt, auch die nach diesem Verfahren polierten Tische unter den Patentschutz zu stellen, so daß eine Einfuhr solcher Tische aus dem Ausland ins Inland einen Verstoß gegen das Patent bilden kann. Das Reichsgericht hat allerdings andrerseits ausgesprochen, daß Treibriemen, die nach einem geschützten Imprägnierungsverfahren bearbeitet worden sind, nicht unter Patentschutz stehen; indessen betrifft die gefällte Entscheidung selbst nur die Anwendung des § 40 des PG., nicht aber die des § 4[86]).

Der Patentschutz erstreckt sich nur auf die nach dem Verfahren „unmittelbar“ hergestellten Erzeugnisse. Geht das nach dem Verfahren hergestellte Erzeugnis durch Verarbeitung oder Umbildung gemäß § 950 des BGB. in einer andern Sache auf, so erlischt damit auch der Patentschutz für das Erzeugnis. Indessen kann der geschädigte Patentinhaber hier unter Umständen gemäß § 951 des BGB. nach den Vorschriften über die Herausgabe einer ungerechtfertigten Bereicherung vom Erwerber eine Vergütung verlangen.

Ist z. B. ein Verfahren zur Herstellung von Nägeln paten-

---

85) Bl. 1910, S. 8, RG.
86) Bl. 1913, S. 124, RG.

tiert, so erstreckt sich zwar der Schutz des Verfahrens auf die nach ihm hergestellten Nägel. Hier wird also nicht nur dadurch eine Patentverletzung begangen, daß die Nägel ohne Erlaubnis des Patentinhabers gewerbsmäßig hergestellt werden, sondern auch dadurch, daß sie in den Verkehr gebracht, z. B. an einen Tischler geliefert werden, der sie bei Anfertigung von Schränken benutzen will. Verwendet der Tischler die Nägel für diesen Zweck, so begeht er gleichfalls unter dem Gesichtspunkt des Gebrauchs eine Patentverletzung. Hiermit erschöpft sich dann aber die Kette der Patentverletzungen. Werden die unter Benutzung der Nägel hergestellten Schränke in den Verkehr gebracht, so liegt hierin kein Verstoß gegen das Patent. Denn die Nägel haben ihre Selbständigkeit verloren und sind Bestandteile der Schränke geworden. Bei Lieferung der Schränke kommen sie als Ware nicht mehr in Betracht. Nur auf die Lieferung der nach dem Verfahren hergestellten Nägel als Ware hat der Patentinhaber ein ausschließliches Recht. In diesem Rechte wird er durch die Lieferung der Schränke nicht wesentlich beeinträchtigt. Sein Interesse ist dadurch genügend gedeckt, daß die Lieferung der Nägel an den Hersteller des Schrankes und die Verwendung der Nägel bei dessen Herstellung unter Schutz gestellt ist. Selbst wenn dieser Schutz versagt, z. B. wenn die mit den Nägeln im Auslande hergestellten Schränke in das Inland eingeführt werden, kann dies zu einer wesentlichen Beeinträchtigung des Patentrechts kaum führen.

Ein anderer Fall ist in einer Reichsgerichtsentscheidung behandelt[87]). Dem Kläger war ein Patent erteilt auf ein Verfahren zur Herstellung von feuersicheren Eisenbalkendecken. Dieses Verfahren war ohne Erlaubnis des Klägers in einem Neubau zur Anwendung gekommen. Das Reichsgericht entschied mit Recht, daß das Patent des Klägers durch gewerbsmäßigen Gebrauch des Hauses für Geschäftszwecke nicht verletzt werde. Denn die nach dem Verfahren hergestellten Decken waren untrennbare Bestandteile des erbauten Hauses und da-

---

[87]) Vgl. Bl. 1897, S. 148, RG.

mit des Grundstücks selbst geworden. Für das Recht und für den Verkehr hatten sie aufgehört, selbständige Sachen zu sein.

III. Die Lizenz und die verkehrsfreie Benutzung.

Der Patentinhaber ist nicht darauf beschränkt, die ihm ausschließlich zustehende gewerbsmäßige Benutzung der Erfindung selbst auszuüben. Er kann sein Patent auch in der Weise verwerten, daß er anderen durch Vertrag die Benutzung der Erfindung überläßt. Einer besonderen Form bedarf dieser Vertrag nicht, und ebensowenig findet eine Eintragung der Lizenz in die Patentrolle statt.

Der Vertrag (Lizenzvertrag) kann die Benutzung in der verschiedensten Weise regeln. Die Lizenz kann zeitlich, territorial und inhaltlich eine mehr oder weniger beschränkte, aber auch eine im Rahmen des Patentrechts ganz unbeschränkte sein. Dem Lizenznehmer kann sogar eine besondere Ausführungspflicht auferlegt werden [88]. Welche Rechtsgrundsätze auf den Vertrag Anwendung finden, hängt wesentlich von dem Inhalte des Vertrages selbst ab. Der Vertrag kann sich seinem Inhalte nach mehr dem Kaufvertrage oder mehr dem Pachtvertrage nähern [89], so daß die für diese Verträge im bürgerlichen Recht geltenden Bestimmungen analoge Anwendung erleiden. Der Vertrag kann aber auch seinem Inhalte nach so eigenartig sein, daß die zur Anwendung kommenden Rechtsregeln allein aus der Natur des Rechtsverhältnisses selbst zu entnehmen sind [90]. Von der hiernach maßgebenden Beurteilung des einzelnen Falles hängt es dann z. B. ab, ob beim Fehlen zugesicherter Vorzüge der Erfindung Preisminderung oder nur Schadloshaltung verlangt werden kann.

---

[88]) Vgl. hierüber Pinzger in M. u. W. X, S. 238.

[89]) Vgl. z. B. Bl. 1907, S. 130, RG. In dieser Beziehung kommt in Betracht, ob der Vertrag auf einmalige endgültige Begründung eines absoluten Rechts in der Person des Erwerbers oder auf die periodische Benutzung der Erfindung gerichtet ist.

[90]) Bl. 1911, S. 270, RG. Vgl. auch Bl. 1911, S. 125, OLG. Hamburg.

Eine Eigenart des Lizenzvertrages liegt auch darin, daß der praktische Wert einer Erfindung sich im voraus selten mit Sicherheit feststellen läßt. Hiernach ist der Lizenzvertrag regelmäßig ein gewagtes Geschäft. Dessen müssen sich auch die Vertragsschließenden bewußt sein, und es kann sich später keiner von beiden Teilen beklagen, wenn er in dem, was er zu leisten hat, gegenüber dem, was er empfängt, unverhältnismäßig in Nachteil gerät[91]).

Die bloße Erteilung der Erlaubnis zur Benutzung (einfache Lizenz) schließt für den Patentinhaber nicht die Befugnis aus, andern die gleiche Erlaubnis zu gewähren. Der Lizenznehmer muß sich also hier die Mitbenutzung anderer gefallen lassen. Er ist nicht einmal befugt, unrechtmäßigen Benutzungen anderer entgegenzutreten. Es bleibt allein dem Patentinhaber überlassen, ob er wegen unbefugter Verletzung seines Patentrechts vorgehen will oder nicht[92]). Der einfache Lizenznehmer hat kein Klagrecht gegen dritte.

Der Vertrag, durch den der Patentinhaber die Benutzung der Erfindung einem andern überläßt, kann aber auch den Sinn haben, daß der Lizenznehmer ausschließlich befugt sein soll, die Erfindung zu benutzen (ausschließliche Lizenz).

Die ausschließliche Lizenz hat nicht nur zwischen den beteiligten Parteien, sondern auch dritten gegenüber Wirkung. Das Patentrecht ist ein Recht, nicht nach Art des Forderungsrechts, das sich gegen eine bestimmte Person richtet, sondern nach Art der dinglichen Rechte, insbesondere des Eigentumsrechts, das gegen jedermann gilt. Wissenschaft und Praxis sind deshalb darüber einig geworden, daß die ausschließliche Lizenz quasidingliche Wirkung hat[93]). Durch die ausschließliche Lizenz verzichtet der Patentinhaber nicht nur auf das Verbotsrecht dem Lizenznehmer gegenüber, sondern er überträgt ihm

---

[91]) Bl. 1913, S. 276, RG. Nur bei Ausbeutung von Unerfahrenheit ist unter Umständen Abhilfe möglich (§ 138, Abs. 2, BGB.).

[92]) Dies schließt nicht aus, daß sich auch der einfache Lizenznehmer durch besondere Vertragsklauseln in gewisser Weise sichern kann. (Vgl. Bl. 1913, S. 324 [326] RG.)

[93]) Bl. 1907, S. 154, RG.

zugleich seine Rechtsbefugnisse gegen jedermann, soweit sie die Ausübung des Patentrechts zum Gegenstande haben. Dies ist die Wirkung, die von den Beteiligten regelmäßig gewollt ist, und die für die ausschließliche Lizenz als Regel zu unterstellen ist.

Der ausschließliche Lizenznehmer ist hiernach befugt, auch dritten gegenüber sein Recht auf Ausübung des Patentrechts sowohl zivilrechtlich wie strafrechtlich ganz selbständig geltend zu machen[94]). Durch Patentverletzungen, die in den Kreis der Lizenz fallen, wird nur er, nicht aber der Patentinhaber geschädigt. Es wäre ein unnötiger Umweg, wenn hier der Patentinhaber die Klage erheben und mit der Gewährleistungspflicht, die er seinem Lizenznehmer gegenüber hat, begründen müßte. Der gegebene und mit Rücksicht auf die quasidingliche Natur des Patentrechts durchaus gangbare Weg ist vielmehr der, daß der Lizenznehmer, der in eigener Person durch die Patentverletzung geschädigt ist, seine Interessen zivilrechtlich wie strafrechtlich bei Gericht selbst wahrnimmt.

Dem ausschließlichen Lizenznehmer ist es, soweit der Vertrag nicht entgegensteht, gestattet, Unterlizenzen zu erteilen, vorausgesetzt, daß er dabei über den Rahmen seiner eigenen Lizenz nicht hinausgeht. Die Unterlizenzen können gleichfalls einfache oder ausschließliche Lizenzen sein. Zu dem Patentinhaber steht der Unterlizenznehmer in keinem Obligationsverhältnis. Wird der einfache Unterlizenznehmer durch den Patentinhaber in der Ausübung seines Rechts gestört, so muß er sich an seinen Lizenzgeber halten. Dieser ist kraft des Unterlizenzvertrages verpflichtet, ihn gegen den Patentinhaber wie gegen dritte nach Maßgabe des Vertrages zu schützen[95]). Der ausschließliche Unterlizenznehmer ist dagegen aus eigenem Rechte befugt, gegen Störungen durch andere selbst vorzugehen[96]).

---

94) Bl. 1904, S. 220 (222), RG.; Bl. 1907, S. 154, RG.; Bl. 1913, S. 324 (Ind. 1913, S. 281), RG.

95) Bl. 1904, S. 11, RG.

96) Bl. 1904, S. 220, RG.

Der Patentinhaber kann sich seinen Verpflichtungen aus dem Lizenzvertrage nicht dadurch entziehen, daß er das Patentrecht auf einen andern überträgt. Seine persönlichen Verpflichtungen werden durch die Übertragung nicht berührt. Handelt es sich um eine ausschließliche Lizenz, so geht das übertragene Patentrecht nur mit der ihm auferlegten dinglichen Belastung auf den Nachfolger über. Der ausschließliche Lizenznehmer wird also durch die Übertragung des Patents seiner Lizenzrechte nicht entkleidet.

Die Erteilung der ausschließlichen Lizenz enthält keine Übertragung des Patentrechts selbst, auch wenn sie ohne jede Beschränkung erfolgt. Nur die Rechtsbefugnisse, die sich auf die Ausübung des Patentrechts beziehen, werden übertragen. Handelt es sich um Klagen, die das Patentrecht selbst zum Gegenstande haben, z. B. um die Feststellung, daß zwischen dem in Betracht kommenden Patente und einem andern Patente ein Abhängigkeitsverhältnis bestehe, so ist nicht der Lizenznehmer, sondern nur der Patentinhaber selbst zur Vertretung des Patents berufen[97]). Eine gegen den Lizenznehmer ergehende Entscheidung würde in dieser Beziehung keine Präjudiz gegenüber dem Patentinhaber bilden. Der Lizenznehmer ist ferner, selbst wenn die Lizenz unbeschränkt ist und für die ganze Dauer des Patents Geltung hat, nicht befugt, auf das Patent zu verzichten. Erlischt im beiderseitigen Einverständnisse die Lizenz, so kann der Patentinhaber das Patentrecht frei von jeder Beschränkung wieder ausnutzen. Durch Einräumung einer unbeschränkten und ausschließlichen Lizenz entäußert sich der Patentinhaber also nicht seines Patentrechts.

Das Lizenzrecht ist vererblich und übertragbar, sofern nicht aus dem Vertrage in Verbindung mit den begleitenden Umständen zu entnehmen ist, daß die Übertragbarkeit ausgeschlossen sein sollte. Es kann auch der Wille der Vertragschließenden gewesen sein, daß das Lizenzrecht nur mit dem Geschäftsbetriebe, für den es erteilt wurde, solle übertragen werden können.

---

[97]) Bl. 1907, S. 154, RG.

Wie bereits bemerkt wurde, ist der Lizenzvertrag ein gewagtes Geschäft. Der Patentinhaber haftet also nicht dafür, daß die patentierte Erfindung ihrem Werte nach den Leistungen entspricht, die dem Lizenznehmer für die Lizenz auferlegt werden. Aber er hat wenigstens dafür einzustehen, daß die Erfindung technisch ausführbar ist[98]). Ergibt sich, daß die Erfindung gar nicht ausführbar ist, so hat der Lizenznehmer vom Patentinhaber nichts erhalten, und er ist folglich auch nicht verpflichtet, diesem die festgesetzten Lizenzgebühren zu entrichten[99]). Aus dem gleichen Grunde ist er zur Zahlung der Lizenzgebühr nicht verpflichtet, wenn sich ergibt, daß der Gegenstand der Lizenz vom Patentschutze gar nicht umfaßt war[100]). Auch hier hat der Patentinhaber dem Lizenznehmer gar nichts gewährt.

Stellt sich heraus, daß das Patent von einem älteren Patente oder Gebrauchsmuster abhängig ist, so daß die patentierte Erfindung einstweilen trotz der Lizenz ohne die Erlaubnis des älteren Patentinhabers nicht gewerbsmäßig benutzt werden darf, so hat der Lizenznehmer sich binnen angemessener Frist zu entscheiden, ob er von seinem Rücktrittsrechte Gebrauch machen oder ob er unter Aufrechterhaltung des Vertrages die Beseitigung des Hindernisses verlangen will[101]).

Besteht ein dem Lizenznehmer unbekannt gebliebenes Vorbenutzungsrecht eines dritten an der Erfindung, so kommt es darauf an, in welchem Maße der Lizenznehmer hierdurch in der Ausbeutung des Patents beeinträchtigt wird[102]). Hier kann dann der Lizenznehmer eventuell gemäß §§ 323, 472, 473 des BGB. eine Minderung der Lizenzgebühr verlangen und unter Umständen sogar zu einer Gegenleistung überhaupt nicht mehr verpflichtet sein.

Wird das Patent für nichtig erklärt, so ist damit zwar festgestellt, daß es von Anfang an nichtig war. Daraus folgt

---

98) M. u. W. XII, S. 554, RG.

99) Bl. 1905, S. 229, RG.; Bl. 1911, S. 270, RG.

100) Bl. 1912, S. 220, RG.

101) Bl. 1901, Bl. 169, RG.

102) Bl. 1912, S. 222, RG.

indessen nicht, daß auch der Lizenzvertrag von Anfang an ungültig war und daß demnach die bereits gezahlten Lizenzgebühren zurückzuerstatten wären[103]). Nur die ausschließliche Benutzung der Erfindung hatte der Patentinhaber dem Lizenznehmer zu gewähren, und diese Benutzung hat der Lizenznehmer bis zur Vernichtung des Patents unter Ausschluß anderer Gewerbetreibender tatsächlich genossen. Für die Zeit nach der Vernichtung des Patents hingegen hat der Lizenznehmer keine Gebühren weiter zu zahlen. Wird das Patent nur teilweise vernichtet, so hat der Lizenznehmer für die Zukunft auf eine dem vernichteten Teil entsprechende Ermäßigung seiner Lizenzgebühren Anspruch (§ 542 BGB.).

Die Lizenz kann an eine Bedingung (conditio des römischen Rechts) geknüpft sein[104]):

Gestattet A dem B die Benutzung der patentierten Erfindung unter der Bedingung, daß ein anderes dem A gehöriges Patent nicht für nichtig erklärt wird, so ist die Lizenz unter einer auflösenden Bedingung erteilt. Die Wirkung der Lizenzerteilung endigt hier mit dem Eintritt der Bedingung, nämlich wenn das andere Patent rechtskräftig für nichtig erklärt ist. Eine noch weiter fortgesetzte Benutzung der Erfindung verletzt das Patent.

Gestattet A dem B die Benutzung unter der Bedingung, daß ein anderes, dem B gehöriges Patent für nichtig erklärt wird, so ist die Lizenz unter einer aufschiebenden Bedingung erteilt. Hier ist B zur Benutzung zunächst nicht befugt; er erlangt die Befugnis erst mit dem Eintritt der Bedingung, nämlich wenn sein eigenes Patent für nichtig erklärt wird. Benutzt er die Erfindung vor Eintritt dieser Bedingung, so begeht er eine Patentverletzung.

Dagegen liegt eine Bedingung im Rechtssinne nicht vor[105]), wenn der Patentinhaber dem Lizenznehmer bei der Lizenzerteilung besondere Bedingungen im Sinne von Beschränkungen auferlegt, z. B. daß der Lizenznehmer täglich nicht mehr als

---

[103]) Bl. 1906, S. 8, RG.; Bl. 1899, S. 35, RG.

[104]) Vgl. § 158, BGB.

[105]) Vgl. Bl. 1902, S. 157, RG.; Bl. 1905, S. 142, OLG. Karlsruhe.

hundert Gegenstände der Erfindung herstellen, oder daß er die Gegenstände nicht unter einem festgesetzten Preise verkaufen, oder daß er die Erfindung nur mit einem vom Patentinhaber besonders vorgeschriebenem Material benutzen dürfe. Hier ist die für das Herstellen, oder für das Inverkehrbringen oder für den Gebrauch erteilte Lizenz weder auflösend noch aufschiebend bedingt. Was hier Bedingung genannt wird, ist nur eine Abmachung, durch die sich der Patentinhaber ein bestimmtes Verhalten des Lizenznehmers „ausbedungen“ hat. Die Lizenz ist weder aufschiebend noch auflösend von einer Bedingung abhängig gemacht, sondern sie ist unbedingt erteilt. Der Patentinhaber hat dadurch, daß er dem Lizenznehmer die Herstellung von Gegenständen der Erfindung gestattet hat, sein gesetzliches Verbotsrecht gegenüber dem Lizenznehmer im ganzen Rahmen des Vertrages außer Kraft gesetzt. Es steht ihm nicht zu, nach Willkür ganz beliebige Verabredungen mit dem Lizenznehmer darüber zu treffen, in welchen Fällen das Verhalten des Lizenznehmers als eine gegen das Gesetz verstoßende, insbesondere auch strafbare Handlung gelten solle, und in welchen Fällen nicht. Er kann nur darüber Vereinbarungen treffen, in welchen Fällen die Benutzung als vertragsmäßig und in welchen Fällen sie als vertragswidrig gelten soll. Verstößt also der Lizenznehmer gegen diese Vereinbarungen, so verstößt er nur gegen den Vertrag, nicht aber gegen das Patentgesetz. Denn die Parteien haben an die Stelle des Gesetzesrechts das Vertragsrecht gesetzt[106]).

Stellt demnach der Lizenznehmer, entgegen der Vertragsbestimmung, mehr als hundert patentierte Gegenstände täglich her, so mißbraucht er zwar die ihm gewährte Benutzungserlaubnis, aber er verstößt nicht gegen das Gesetz, da ihm die Benutzung durch Herstellung erlaubt worden war. Er hat nur das ihm geschenkte Vertrauen getäuscht und haftet, unter Umständen auch über das Patentgesetz, welches Vorsatz oder grobe Fahrlässigkeit erfordert, hinaus, wegen der begangenen Vertragsverletzung. Auch eine mißbrauchte Erlaubnis ist eine

---

[106]) Bl. 1902, S. 180, RG. (E. d. RG. ZS., Bd. 51, S. 139.)

Erlaubnis, welche die Anwendung des Gesetzes ausschließt. Mit der Herstellung der 101sten Sache tritt nicht eine die Lizenz auflösende Bedingung ein, sondern die Lizenz bleibt für die weitere Benutzung nach wie vor in Kraft, es sei denn, daß der Lizenzvertrag nach dem Willen der Parteien auflösend bedingt sein sollte, was nicht unterstellt werden kann.

Liefert der Lizenznehmer patentierte Gegenstände unter dem festgesetzten Preise, so verstößt er nicht durch unerlaubtes Inverkehrbringen gegen das Patentgesetz; denn das Inverkehrbringen war ihm durch die Lizenz gestattet worden. Die Festsetzung des Preises hat mit der Benutzung der Erfindung nichts zu tun, sondern ist nur ein mehr oder minder großer Vorteil, der dem Lizenznehmer aus dem Abschlusse des Kaufvertrages mittelbar zufließt. Auch hier kann nicht unterstellt werden, daß durch Verkauf unter dem festgesetzten Preise im Einzelfalle der ganze Lizenzvertrag auflösend bedingt sein sollte[107]).

Gebraucht der Lizenznehmer die ihm vom Patentinhaber vermietete patentierte Maschine mit anderem als dem vereinbarten Hilfsmaterial, so ist dieser Gebrauch darum nicht mehr und nicht weniger eine durch die Lizenz gedeckte Benutzung der Maschine. Was der Lizenznehmer hier mißbräuchlich getan hat, verstößt nicht gegen das Patentgesetz, sondern nur gegen den Vertrag. Schadet das verwendete Material der Maschine, so wird hierdurch freilich der Patentinhaber geschädigt, aber nur als Eigentümer der Maschine, nicht in seinem Patentrechte. Die mißbräuchliche Art der Benutzung hat den Lizenzvertrag hier nicht unter dem Gesichtspunkte der auflösenden Bedingung in dem Sinne aufgehoben, daß nun auch die vertragsmäßige weitere Benutzung nicht mehr zulässig wäre. Wenigstens ist dies als Wille der Parteien nicht zu unterstellen[108]). Ist es in einem besondern Falle wirklich der Wille der Parteien, daß die mißbräuchliche Benutzung die Bedeutung einer auflösenden Bedingung haben soll, so muß klar zum

---

[107]) Vgl. auch Bl. 1913, S. 242.
[108]) M. u. W. XI, S. 319, RG.

Ausdruck kommen, welcher Vorgang die Bedingung bilden und mit welchen Folgen bei dem Eintritt dieser Bedingung die Lizenz als aufgehoben gelten soll. Aber auch in diesem Falle ist derjenige Vorgang, dessen Eintritt die Bedingung erfüllt, nicht auch bereits der erste Fall einer Patentverletzung.

Verstößt der Mieter der patentierten Maschine durch die mißbräuchliche Benutzung nur gegen den Vertrag, aber nicht gegen das Patentgesetz, so begehen selbstverständlich ebensowenig dritte Personen, die ihm das vertragswidrige Material zum Zwecke der mißbräuchlichen Verwendung liefern, eine Patentverletzung[109]). Aber selbst dann, wenn es sich in der Person des Mieters der patentierten Maschine um eine Patentverletzung handelt, liegt in der bloßen Lieferung des Materials zwecks mißbräuchlicher Verwendung noch nicht ohne weiteres eine Beteiligung an dieser Patentverletzung[110]).

Durch den Lizenzvertrag wird das Vertragsrecht nur soweit an die Stelle des Gesetzesrechts gesetzt, als der Lizenzvertrag reicht. Mit dem zeitlichen Ablauf des Lizenzvertrages oder mit dem Eintritt der auflösenden Bedingung erlischt daher auch das Lizenzrecht, und eine weiter fortgesetzte gewerbsmäßige Benutzung des Lizenznehmers verstößt gegen das Gesetz[111]). Beschränkt sich die Lizenz auf ein bestimmtes örtliches Gebiet, so ist die Benutzung außerhalb dieses Gebietes patentverletzend. Ist im Lizenzvertrage besonders ausgesprochen, daß der Lizenznehmer die Erfindung außerhalb des bezeichneten Gebietes nicht benutzen dürfe, so kann dies den Sinn haben, daß damit etwas Selbstverständliches gesagt ist, was für den Vertrag ohne besondere Bedeutung sein soll. Es kann damit aber auch gemeint sein, daß die Benutzung der Erfindung außerhalb des bezeichneten Gebiets gegen den Vertrag verstoßen

[109]) Vgl. hierüber die aufsehenerregende Entscheidung des höchsten amerikanischen Gerichtshofs in Sachen Henry v. Dick, abgedruckt in der Official Gazette 1912, vol. 176, Nr. 3, S. 751—769 (Bl. 1913, S. 386ff.). Dazu Kohler: M. u. W. XI, S. 361 und XII, S. 641, sowie Rathenau in der D. Juristenzeitung 1913, S. 1292.

[110]) Vgl. hierzu S. 55ff.

[111]) Bl. 1906, S. 166, RG.

und daher die strengere vertragsmäßige Haftung begründen soll. Im letzteren Falle findet dann die Haftung nach dem Gesetze keine Anwendung, und auch die Anwendung der Strafvorschrift des § 36 des PG. ist ausgeschlossen. Welches der Sinn der Bestimmung ist, muß hier im einzelnen Falle durch Auslegung festgestellt werden.

Nicht nur über eine bereits patentierte, sondern auch über eine erst angemeldete Erfindung kann ein Lizenzvertrag geschlossen werden. Hier ist als Vertragswille der Parteien zu unterstellen, daß die Erteilung des Patents eine wesentliche Voraussetzung für die Gültigkeit des Vertrages bildet, und daß die Parteien sich nicht damit haben begnügen wollen, die Erfindung unter dem Schutze des Fabrikgeheimnisses auszubeuten. Wird der Patentschutz versagt, so wird der Vertrag damit ungültig[112]). Hatte die Erfindung nicht die zugesicherten Eigenschaften, so haftet der Lizenzgeber wegen Nichterfüllung der Zusicherungen auf Schadenersatz[113]).

Der Patentinhaber kann, wenn die Voraussetzungen des § 11 Abs. 1 des PG. vorliegen, zu einer Lizenz gezwungen werden. Dies ist in anderem Zusammenhange zu behandeln.

Bringt der Patentinhaber selbst die von ihm hergestellten Gegenstände ohne Beschränkung in den Verkehr, so werden diese Gegenstände damit für den Verkehr frei[114]). Sie können also von jedermann im Verkehr gewerbsmäßig gebraucht werden. Denn das Inverkehrbringen besteht darin, daß die patentierten Sachen beliebigen Personen zur Benutzung übergeben werden. In dem unbeschränkten Inverkehrbringen der Sache durch den Patentinhaber liegt also die Erteilung der Erlaubnis zur freien Benutzung der Sache nicht nur für den Empfänger, sondern auch für jeden andern, an den die Sache im Verkehr gelangt. Die weitere rechtmäßige Benutzung beruht hier nicht darauf, daß jeder weitere Empfänger der Sache

---

112) Bl. 1899, S. 202, RG.

113) E. d. RG. ZS., Bd. 82, S. 155 (Ind. 1913, S. 186).

114) Vgl. Bl. 1899, S. 35, RG.; Bl. 1902, S. 180, RG.; Bl. 1904, S. 36, RG.; Bl. 1905, S. 142, OLG. Karlsruhe; Bl. 1906, S. 166 (167), RG.; M. u. W. XI, S. 319, RG.

mit seinem Vorgänger einen Lizenzvertrag abschließt, sondern die Sache selbst wird verkehrsfrei, weil das Patentrecht für sie verbraucht ist. Der Patentinhaber kann sein Recht auf den Markt nicht doppelt geltend machen. Auch derjenige, an den die Sache ohne Vertrag gelangt ist und selbst ein Dieb darf sie benutzen, ohne das Patentrecht zu verletzen.

Dagegen gelangen die Gegenstände nicht in den freien Verkehr, wenn ein Unbefugter sie ohne Erlaubnis des Patentinhabers in den Verkehr bringt. Denn ein Unbefugter vermag die Erlaubnis zur Benutzung nicht mit Rechtswirkung zu erteilen. Durch einen solchen Akt wird das Recht des Patentinhabers auf den Markt nicht verbraucht.

Hat der Patentinhaber selbst patentierte Gegenstände hergestellt, so folgt daraus noch nicht, daß ein anderer, an den die Sachen ohne Lizenz des Patentinhabers gelangen, sie durch Inverkehrbringen oder Gebrauch gewerbsmäßig benutzen darf[115]. Denn hier hat der Patentinhaber sein Recht auf den Markt noch nicht erschöpft. Noch viel weniger dürfen unbefugt hergestellte Gegenstände ohne Lizenz des Patentinhabers gewerbsmäßig benutzt werden. Selbst ein nicht gewerbsmäßig und darum rechtmäßig hergestellter Gegenstand darf nicht gewerbsmäßig benutzt werden[116].

Verliert der Patentinhaber einen ihm patentierten Gegenstand, so liegt darin kein Inverkehrbringen und der verlorene Gegenstand wird folglich auch nicht verkehrsfrei.

Bringt der Patentinhaber patentierte Gegenstände vom Inlande aus in den ausländischen Verkehr, so werden diese Gegenstände damit nicht auch für das Inland verkehrsfrei[117], ebensowenig wie das lediglich im Auslande vollzogene Inverkehrbringen für das Inland Verkehrsfreiheit bewirkt. Zwar hat sich hier ein Teil des Inverkehrbringens im Inlande vollzogen, und dies würde genügen, um eine Patentverletzung anzunehmen, wenn es sich um ein Inverkehrbringen durch

---

115) M. u. W. XI, S. 319 (320), RG.

116) Bl. 1894/95, S. 231, RG.

117) Vgl. indessen Bl. 1902, S. 180, RG.; Bl. 1904, S. 36, RG.

einen Unbefugten handeln würde[118]). Dagegen genügt es nicht, um die vom Patentinhaber in Verkehr gebrachten Gegenstände für das Inland verkehrsfrei zu machen. Denn durch den im Inlande vollzogenen Teil hat der Patentinhaber diese Gegenstände für den inländischen Markt nicht freigegeben. Daß er den ausländischen Markt benutzt, steht ihm für den inländischen Markt ebensowenig entgegen, als es ihm entgegenstehen würde, wenn er den Akt des Inverkehrbringens ausschließlich im Auslande vollzogen hätte.

Die patentierten Sachen werden nur dann verkehrsfrei, wenn sie in den freien Verkehr gebracht worden sind. Besteht die gewerbsmäßige Benutzung des Patentinhabers darin, daß er seine patentierte Maschine an beliebige Personen vermietet, so liegt zwar auch hierin ein Inverkehrbringen, das von keiner andern Person ohne Erlaubnis des Patentinhabers gewerbsmäßig vorgenommen werden darf, aber durch diesen Benutzungsakt hat der Patentinhaber sein Recht auf den Markt in bezug auf den vermieteten Gegenstand nicht voll erschöpft. Bringt hier der Mieter die Maschine weiter in Verkehr, und benutzt sein Abnehmer die Maschine gewerbsmäßig, so begehen diese Personen dadurch eine Patentverletzung.

Erteilt der Patentinhaber eine Lizenz zur gewerbsmäßigen Herstellung patentierter Sachen, so liegt darin in der Regel auch die Lizenz zum Inverkehrbringen, weil eine gewerbsmäßige Herstellung ohne Inverkehrbringen regelmäßig zwecklos ist. Es kommt indessen auf den Inhalt des Lizenzvertrages und die den Abschluß begleitenden Umstände an. Der Patentinhaber kann z. B. einem im Auslande ansässigen Fabrikanten für dessen im Inlande befindliches Zweiggeschäft die Erlaubnis zur gewerbsmäßigen Herstellung in dem Sinne erteilen, daß die hergestellten Gegenstände ausschließlich in den ausländischen, nicht aber in den inländischen Verkehr gebracht werden sollen. Der Patentinhaber kann ferner einige Zeit vor Ablauf des Patents eine Lizenz zur Herstellung mit der Maßgabe erteilen, daß die hergestellten Gegenstände erst nach

---

118) Vgl. S. 46.

Ablauf des Patents in den Verkehr gebracht werden dürfen. In diesen Fällen hat der Patentinhaber sein Recht auf den inländischen Markt für die in Betracht kommenden Gegenstände nicht preisgegeben.

Die gleichen Grundsätze gelten, wenn auf ein patentiertes Verfahren eine Lizenz erteilt ist. Auch hier schließt die Lizenz regelmäßig die Erlaubnis ein, die durch das Verfahren hergestellten Gegenstände in den freien Verkehr zu bringen.

Umfaßt die erteilte Lizenz das unbeschränkte Inverkehrbringen, so wird die demnächst in den Verkehr gebrachte Sache dadurch ganz ebenso für die Benutzung durch jedermann frei, als ob der Patentinhaber sie selbst in den freien Verkehr gebracht hätte. Denn darin besteht grade die Bedeutung des erlaubten Inverkehrbringens, daß die Sache dem Verkehr zur freien Benutzung übergeben wird.

Verkehrsfrei werden auch die Gegenstände, die von einem Vorbenutzer rechtmäßig in den Verkehr gebracht werden.

IV. Das Vorbenutzungsrecht.

Da die angemeldete Erfindung als nicht neu von der Patenterteilung nur dann ausgeschlossen ist, wenn sie zur Zeit der Anmeldung in öffentlichen Druckschriften aus den letzten hundert Jahren bereits derart beschrieben oder im Inlande bereits so offenkundig benutzt ist, daß danach die Benutzung durch andere Sachverständige möglich erscheint, da also eine absolute Neuheit der Erfindung kein Erfordernis der Patenterteilung bildet, so bedarf es einer besondern Vorschrift, um die Härten zu mildern, die durch den erteilten Patentschutz für solche Personen entstehen können, welchen die Erfindung bereits bekannt war und die folglich durch Bekanntgabe der angemeldeten Erfindung keine Förderung erfahren.

Eines Schutzes bedarf es hier indessen nur, soweit die gewerbsmäßige Benutzung der Erfindung in Frage kommt, weil die Benutzung für rein persönliche Zwecke durch das Patent überhaupt nicht gehindert wird.

Auch derjenige bedarf keines Schutzes, welcher die Erfindung zwar kannte, aber noch nicht in Benutzung genommen und auch nicht einmal die zur Benutzung erforderlichen Anstalten getroffen hatte. Für ihn bedeutet die Erteilung des Patents keine nachteilige Veränderung eines bestehenden Zustandes. War er ein Gewerbetreibender und war die Kenntnis der Erfindung für sein Gewerbe von Bedeutung, so hatte er auch Veranlassung, sofort Schritte zu tun, um die Erfindung nutzbar zu machen. Hat er dies unterlassen, so ist er entweder lässig gewesen, oder er hat der Erfindung keinen Wert beigelegt; er hat es sich also selbst zuzuschreiben, wenn ihm durch die Anmeldung der Erfindung die Möglichkeit abgeschnitten wird, nun nachträglich noch die Erfindung in gewerbsmäßige Benutzung zu nehmen. Aber auch wenn er aus Gründen anderer Art, die außerhalb seiner Person lagen, noch nicht zur Benutzung hat schreiten können, so wird er doch durch die Patenterteilung nicht unmittelbar geschädigt; er verliert nur eine Möglichkeit, die er nicht rechtzeitig ergriffen hat. Auf Benachteiligungen dieser Art braucht aber der Gesetzgeber keine Rücksicht zu nehmen.

Hiernach hat der Gesetzgeber mit gutem Grund die Vorschrift getroffen, daß nur gegen denjenigen die Wirkung des Patents nicht eintritt, welcher zur Zeit der Anmeldung bereits im Inlande[119]) die Erfindung in Benutzung genommen oder die zur Benutzung erforderlichen Veranstaltungen getroffen hatte (§ 5 Abs. 1 des PG.).

Der Patentschutz tritt zwar noch nicht sogleich mit der Anmeldung, sondern einstweilen erst mit der Bekanntmachung und sodann endgültig mit der Patenterteilung ein. Es könnte daher wohl die Frage aufgeworfen werden, ob es nicht gerechter gewesen wäre, auch eine Vorbenutzung, die nach der Anmeldung, aber vor der Bekanntmachung stattgefunden hat oder eingeleitet worden ist, zu schützen. Dies ist indessen zu verneinen. Mit der Anmeldung hat der Patentsucher die für

---

119) Die Benutzung im Auslande wird durch das Patent überhaupt nicht beschränkt.

ihn erforderlichen Schritte zur Erlangung eines Patents bereits getan, und es kann ihm nicht zum Nachteil gereichen, daß die Prüfung seiner patentfähigen Erfindung einige Zeit in Anspruch nimmt, ehe der Patentschutz erteilt werden kann. Es entspricht daher der Gerechtigkeit, daß der Zeitpunkt der Anmeldung, ebenso wie er für die Entstehung des Anspruchs auf Patenterteilung maßgebend ist[120]), auch die Grenze bildet, bis zu welcher Vorbenutzungsrechte entstehen können.

War die Erfindung zwar vor dem Tage der Anmeldung von einem andern in Benutzung genommen, hatte aber der Benutzer noch vor der Anmeldung die Benutzung endgültig wieder aufgegeben, so liegt ein störender Eingriff der Anmeldung in einen Geschäftsbetrieb nicht vor. Es versagt also der Grund, aus welchem ein Vorbenutzungsrecht im Gesetze anerkannt ist, und daraus folgt, daß ein Vorbenutzungsrecht hier nicht begründet ist[121]).

Wer nur als Gehilfe oder Angestellter in fremdem Betriebe die Erfindung benutzt hat, hat für sich selbst kein Vorbenutzungsrecht[122]).

Ob der Benutzer die Erfindung für patentfähig gehalten[123]) und ob er die wissenschaftliche Erkenntnis der in ihrer Wirkung erkannten Erfindung besessen hat[124]), ist ohne Bedeutung.

Die Vorbenutzung kann in jedem Akte erblickt werden, der gemäß § 4 des PG. als Benutzung der Erfindung gilt. Als Akte der Benutzung kommen hiernach für körperliche Gegenstände Herstellen, Inverkehrbringen, Feilhalten oder Gebrauch in Betracht[125]). Das Inverkehrbringen und Feilhalten körperlicher Gegenstände hat für die Anwendung des § 5 einem Sachpatente gegenüber indessen nur geringe praktische Bedeutung, weil diese Akte in den meisten Fällen eine offenkundige Benutzung der Erfindung enthalten und dieser damit

---

120) Vgl. Beitrag I, S. 48.

121) Bl. 1911, S. 221, RG.

122) Bl. 1903, S. 187, RG.; Bl. 1904, S. 362, RG.

123) Bl. 1906, S. 9, RG.

124) Bl. 1899, S. 131 (136), RG.

125) Bl. 1894/95, S. 147, RG.; Bl. 1904, S. 362 (363), RG.

die Patentfähigkeit nehmen. Auch einem patentierten Verfahren gegenüber kann ein Inverkehrbringen und Feilhalten der nach dem Verfahren hergestellten Gegenstände ein Vorbenutzungsrecht begründen, z. B. wenn das durch das Patent geschützte Verfahren im Auslande ausgeübt ist und die danach hergestellten und in den inländischen Verkehr gebrachten Erzeugnisse, die Eigenart ihrer Herstellung nicht erkennen ließen, so daß das Verfahren patentfähig geblieben ist. Hier hat der Vorbenutzer zwar nicht das Recht, das patentierte Verfahren im Inlande auszuüben, aber er darf auch nach der Patenterteilung noch im Auslande hergestellte Erzeugnisse wie bisher in den inländischen Verkehr bringen[126]). Es liegt dies nicht nur im berechtigten Interesse des Benutzers, sondern unter Umständen auch im Interesse der Abnehmer. Es würde eine Benachteiligung der Abnehmer bedeuten, wenn sie ihren Bedarf nicht unter den günstigen Bedingungen wie bisher aus derselben Quelle weiter decken könnten, und es wäre eine unverdiente Bevorzugung des Patentinhabers, wenn er diese Quelle, die ohne sein Zutun entstanden ist, verstopfen könnte. Hatte auch die Benutzung des Verfahrens selbst im Inlande stattgefunden, so ist schon hierdurch ein Vorbenutzungsrecht begründet und daraus ergibt sich dann ohne weiteres, daß auch die danach hergestellten Erzeugnisse in den freien Verkehr gelangen[127]).

Ein Verfahren kann nur durch Gebrauch, d. h. durch seine Anwendung vorbenutzt werden. Ein Inverkehrbringen oder Feilhalten des Verfahrens im Sinne einer Benutzung findet nicht statt[128]).

Der Vorbenutzer ist in seiner weiteren Benutzung gegenüber dem Patent nicht gerade auf die Mittel beschränkt, die er bisher angewandt hat, sondern kann statt ihrer auch andere Mittel anwenden, ohne Rücksicht darauf, ob etwa diese Mittel auch in den Bereich des Patents fallen. Er darf sich aber nicht über die dem gewöhnlichen Sachverständigen gezogenen Grenzen hinaus die durch das Patent geschützte Erfindung in dem

---

[126]) Bl. 1912, S. 280, RG.

[127]) Bl. 1902, S. 246, RG.

[128]) Vgl. oben S. 52ff.

aneignen, was diese an erfinderischem Überschuß enthält; nur soweit er der Anmeldung des Patentinhabers nichts zu verdanken hat, ist ihm die Weiterbenutzung gestattet[129]).

Der Vorbenutzer ist nach dem Gesetze befugt, die Erfindung für die Bedürfnisse seines eigenen Betriebes in eigenen oder fremden[130]) Werkstätten auszunutzen; diese Befugnis kann nur zusammen mit dem Betriebe vererbt oder veräußert werden (vgl. § 5 des PG.).

Der Vorbenutzer ist hiernach zwar befugt, den eigenen Betrieb zu erweitern, dagegen ist es ihm nicht gestattet, fremde Betriebe, denen das Benutzungsrecht nicht zusteht, mit dem eigenen zu vereinigen, oder fremde Betriebe zu übernehmen und nun für diese das Benutzungsrecht auszuüben.

Das Vorbenutzungsrecht erlischt nicht dadurch, daß es nach der Patenterteilung zeitweise nicht ausgeübt wird; es erlischt nur, wenn der Betrieb, mit dem es verbunden ist, eingestellt wird.

Das Vorbenutzungsrecht ist schon dann begründet, wenn zur Zeit der Patentanmeldung die zur Benutzung erforderlichen Veranstaltungen getroffen waren. Indessen muß der Beginn der Vorbenutzung, wenn er der vollendeten Vorbenutzung gleichstehen soll, wenigstens den Anfang der Ausführung enthalten[131]). Die bloße Kundgebung des Willens ohne tatsächliche Realisierung genügt nicht[132]). Ein Anfang der Ausführung kann z. B. in dem Beginn von Fabrikbauten, in der Übernahme von geschäftlichen Aufträgen, in der Anfertigung geeigneter Maschinen u. dgl. erblickt werden[133]).

Die Vorbenutzung darf keine unrechtmäßige sein.

---

[129]) Bl. 1911, S. 289, RG. (M. u. W. X, S. 379).

[130]) Unter fremden Werkstätten sind nicht nur solche zu verstehen, die dem Betriebe des Vorbenutzers angegliedert sind, sondern es kommt nur darauf an, ob die Benutzung in fremden Werkstätten dem Bedürfnisse seines eigenen Betriebes dient. Bl. 1908, S. 188 (191), RG.

[131]) Vgl. Bl. 1912, S. 275, RG.

[132]) Bl. 1900, S. 172, RG.

[133]) Nach Bl. 1911, S. 313, RG. (M. u. W. XI, S. 256) genügt schon die Beteiligung an einem Wettbewerb unter Einsendung von Zeichnungen, die unmittelbar für die Ausführung der Anlage bestimmt sind.

Die Vorbenutzung ist indessen nicht schon deshalb unrechtmäßig, weil die Kenntnis des Benutzers von der Erfindung auf eine Mitteilung des Erfinders zurückzuführen ist. Es ist also nicht erforderlich, daß der Benutzer ein Selbsterfinder ist oder daß die von ihm benutzte Erfindung aus einer andern Quelle stammt, als derjenigen, auf welche die patentierte Erfindung zurückzuführen ist[134]). Hat der Erfinder mit der Anmeldung gezögert oder die Erfindung nicht genügend geheim gehalten, so hat er es sich selbst zuzuschreiben, wenn in der Zwischenzeit zwischen der Entstehung der Erfindung und ihrer Anmeldung Vorbenutzungen dritter Rechtswirkung erlangt haben, die er durch seine Anmeldung nicht mehr zu beseitigen vermag. Der Erfinder hat zwar das Urheberrecht von seiner Geistesschöpfung, aber es hängt von seiner eigenen Entschließung ab, ob er von diesem Rechte Gebrauch machen und Patentschutz erwerben will oder nicht. Solange er um Patentschutz nicht nachgesucht hat, kann er auch kein ausschließliches Benutzungsrecht in Anspruch nehmen[135]). Erfindungen, die im Verkehr bekannt werden, tragen keinen Stempel an sich, der sie dem Verkehr als solche kenntlich macht. Ob das, was im Verkehr bekannt wird, eine Erfindung ist, läßt sich nur auf Grund eines besonderen Prüfungsverfahrens entscheiden. Jeder Gewerbetreibender ist daher befugt, dasjenige was ihm von andrer Seite in unverbindlicher Form bekannt wird, in seinem Gewerbe zu verwerten. Unrechtmäßig ist die Benutzung nur dann, wenn der Gewerbetreibende sich die Kenntnis auf unrechtmäßige Weise erschlichen hat, oder wenn er bei einer Mitteilung der Erfindung aus den Umständen, unter denen die Mitteilung an ihn erfolgte, entnehmen mußte, daß ihm die Benutzung der Erfindung nicht frei gegeben sei. Schreitet hier der Gewerbetreibende dennoch zur Benutzung, so kann er dadurch kein Vorbenutzungsrecht begründen, denn aus einem unrechtmäßigen Verhalten kann er keine Rechte ableiten[136]).

---

134) Bl. 1908, S. 188 (190), RG.

135) Dies gilt auch gegenüber einem Unionsprioritätsrechte. Vgl. Beitrag I, S. 90.

136) Bl. 1896, S. 3, RG.; M. u. W. XI, S. 120 (122), OLG. Hamburg.

Für die Frage, ob eine unrechtmäßige Benutzung vorliegt, kommt hiernach allein die Person des Benutzers in Betracht. Hat also ein gutgläubiger Dritter von der Erfindung dadurch Kenntnis erlangt, daß bei der Mitteilung an ihn eine Geheimhaltungspflicht verletzt wurde, und nimmt nunmehr der dritte gutgläubig die Erfindung in Benutzung, so wird damit ein Vorbenutzungsrecht für ihn begründet.

Daß die Befugnis zur weiteren Benutzung der Erfindung nur zusammen mit dem Betrieb vererbt oder veräußert werden kann, entspricht dem Rechtsgrunde, auf welchem diese Befugnis beruht.

Das Vorbenutzungsrecht, obwohl es mit dem Betriebe vererbt und übertragen werden kann, ist kein Recht im eigentlichen Sinne wie es das Patentrecht ist; es beschränkt nur das Patentrecht. Durch rechtswidrige Benutzung der Erfindung seitens eines dritten wird daher nur das Patentrecht, nicht aber das Vorbenutzungsrecht verletzt.

V. Der gerichtliche Schutz des Patentrechts.

Das Recht des Patentinhabers auf ausschließliche gewerbsmäßige Benutzung der Erfindung ist, wie schon an anderer Stelle hervorgehoben wurde[137]), ein positives Recht mit konkret bestimmtem Inhalte. Als solches genießt es sowohl nach dem Patentgesetze als auch nach allgemeinem bürgerlichen Rechte Schutz.

Nach dem Patentgesetze selbst wird der Patentinhaber gegen Patentverletzungen geschützt. Das Patent wird verletzt, wenn ein anderer die patentierte Erfindung unbefugt in Benutzung nimmt. Die Patentverletzung verpflichtet zur Entschädigung, wenn sie wissentlich oder grob fahrlässig begangen ist (§ 35 des PG.). Ist sie wissentlich begangen, so ist sie überdies strafbar (§ 36 des PG.). Durch eine unbefugte Benutzung wird das Patent seines Inhalts entkleidet. Bestände ein Schutz überhaupt nicht, so wäre das Patent inhaltslos.

[137]) Vgl. oben S. 35.

Der Patentinhaber kann aber auch auf andere Weise in seinem Rechte beeinträchtigt werden, ohne daß schon eine Patentverletzung begangen ist. Jeder Patentinhaber ist zwar der Gefahr ausgesetzt, daß sein Patent verletzt wird; er braucht es aber nicht zu dulden, daß diese Gefahr durch unberechtigte Handlungen anderer zu seinem Nachteil über das gewöhnliche Maß hinaus erhöht wird. Maßt z. B. ein anderer sich das Patentrecht an, indem er unbefugt Lizenzen erteilt, oder gibt ein anderer in öffentlichen Mitteilungen dem Patente eine falsche, insbesondere eine zu enge Deutung, so kann der Patentinhaber hiergegen Schutz beanspruchen. Sind auch Patentverletzungen hier noch nicht begangen, so wird doch durch solche Handlungen eine große Gefahr hervorgerufen, daß Patentverletzungen in ausgedehntem Maße alsbald folgen werden, deren sich der Patentinhaber demnächst nicht genügend würde erwehren können. Der Patentinhaber vermag nicht von sämtlichen Patentverletzungen Kenntnis zu nehmen und würde schon aus diesem Grunde einen Teil derselben nicht hindern können. Er würde ferner von den gutgläubigen Verletzern eine Entschädigung nicht beanspruchen können, und wenn er sich auch hier an den Anstifter halten könnte, so bedeutet doch schon die notwendige Rechtsverfolgung selbst für ihn eine Belästigung. Es entspricht daher allgemeinen Rechtsgrundsätzen, daß der Patentinhaber Beeinträchtigungen dieser Art abwehren kann, ohne begangene Patentverletzungen abwarten zu müssen.

Der Patentinhaber wird auch dadurch in seinem Rechte beeinträchtigt, daß in unerlaubter Weise die Nachfrage nach dem patentierten Gegenstande überhaupt geschmälert wird. Dies kann dadurch geschehen, daß von böswilliger Seite die Erfindung durch falsche Mitteilungen herabgesetzt wird, z. B. durch die falsche Angabe, die Erfindung sei praktisch nicht brauchbar, oder ihre Anwendung sei mit Gefahr verbunden. Die Nachfrage kann auch dadurch geschmälert werden, daß über die Person des Patentinhabers oder der Lizenzberechtigten geflissentlich falsche Angaben verbreitet werden, die zur Folge haben, daß Reflektanten sich wiederholt an eine falsche Adresse wenden und schließlich von weiteren Versuchen abstehen. Auch hiergegen gewährt das allgemeine Recht Schutz[138]).

Hiernach ist zwischen Patentverletzungen und Beeinträchtigungen anderer Art zu unterscheiden.

Auf Patentverletzungen findet das Patentgesetz Anwendung, welches in § 35 bestimmt:

„Wer wissentlich oder aus grober Fahrlässigkeit den Bestimmungen der §§ 4 und 5 des Patentgesetzes zuwider eine Erfindung in Benutzung nimmt, ist dem Verletzten zur Entschädigung verpflichtet."

Die Entschädigungspflicht setzt voraus, daß die Benutzung der Erfindung objektiv rechtswidrig ist.

Das Patent wird wissentlich verletzt, wenn der Verletzer sich bewußt ist, daß seine Handlung das Patent verletzt. Dabei gilt der allgemeine Grundsatz, daß ein bloßer Rechtsirrtum die wissentliche Patentverletzung nicht ausschließt. Es genügt zur wissentlichen Verletzung, daß der Verletzer von dem Patente und seiner sachlichen Bedeutung Kenntnis hat, und daß er ungeachtet dieser Kenntnis die verletzende Handlung bewußt vornimmt. Es entlastet ihn also z. B. nicht, daß er sich in dem Rechtsirrtum befindet, er dürfe nach dem Auslande bestimmte Waren im Inlande vertreiben, oder ein für ein Verfahren erteiltes Patent schütze nur das Verfahren, aber nicht dessen Erzeugnisse.

Dagegen liegt eine wissentliche Verletzung nicht vor, wenn der Verletzer das Patent nicht gekannt hat, oder wenn er sich über Bedeutung und Tragweite der gekennzeichneten Erfindung im Irrtum befunden hat. Die Auslegung, welche der Verletzer dem Patente gibt, darf zwar keine so unvernünftige sein, daß seine Behauptung, er habe diese Auslegung für richtig gehalten, überhaupt nicht geglaubt werden kann. Ist ihm aber der gute Glaube nicht abzusprechen, so kommt es nicht darauf an, ob seine Auslegung unrichtig ist; es genügt,

---

[138]) Vgl. z. B. §§ 823. 826 BGB. und das Gesetz gegen den unlauteren Wettbewerb vom 7. Juni 1909.

daß er für seine Person die Auslegung für richtig gehalten hat[139]).

Ist der Verletzer über den Gegenstand des Patents nicht im Zweifel, so kann er sich nicht darauf berufen, daß er das Patent wegen mangelnder Neuheit oder aus andern Gründen für nichtig und daher für unbeachtlich gehalten habe. Hier war sich der Verletzer bewußt, daß seine Handlung das Patent als solches verletze. Das Patent ist mit konstitutiver Kraft erteilt und bleibt solange in Geltung, bis es für nichtig erklärt ist[140]).

Bei der Frage, ob eine Patentverletzung wissentlich begangen ist, finden die Grundsätze vom eventuellen Vorsatz (dolus eventualis) Anwendung[141]). Danach genügt zur Annahme, daß die Verletzung wissentlich begangen ist, schon die Feststellung, daß der Täter sich bei Begehung der Verletzung nicht lediglich durch seine irrtümliche Auslegung des Patents hat leiten lassen, sondern daß er die Verletzung auf jeden Fall hat begehen wollen, ohne Rücksicht darauf, ob seine Auslegung sich als zutreffend oder unzutreffend erweisen werde.

Grobe Fahrlässigkeit des Patentverletzers liegt dann vor, wenn seine Unkenntnis, die die Wissentlichkeit ausschloß, eine grob verschuldete war.

Für die Feststellung der groben Fahrlässigkeit, ebenso wie der Wissentlichkeit sind von besonderer Bedeutung voraufgegangene Warnungen des Patentinhabers, Ausführungen über den Sinn des Patents, sowie Hinweise auf bereits ergangene gerichtliche Entscheidungen, insofern sie dem Ver-

---

[139]) Bl. 1896, S. 322, RG. Dabei kann es auch von Bedeutung sein, in welchem Maße der Verletzer über die erforderliche Fachkenntnis verfügt (Bl. 1909, S. 260, RG.). Es schließt die Wissentlichkeit auch nicht aus, daß er geglaubt hat, es genüge nach einem allgemeinen Geschäftsbrauche, wenn er die Benutzung des Patents nachträglich dem Patentberechtigten anzeige. Vgl. Bl. 1905, S. 287, RG.

[140]) Bl. 1894/95, S. 225, RG.; Bl. 1897, S. 173, RG. Indessen kommt hier die begangene Patentverletzung in Wegfall, wenn das Patent später vernichtet wird, und der Täter ist von Entschädigungspflicht und Strafe frei. —

[141]) Vgl. z. B. M. u. W. X, S. 179; M. u. W. X, S. 209; M. u. W. X, S. 210; Bl. 1912, S. 107, RG.

letzer die bisher vielleicht vorhandene Unkenntnis nehmen, oder aber ihn wenigstens in seiner Auslegung des Patents zu beeinflussen geeignet sind[142]. Wer allen Versuchen, ihn zu bekehren, trotzt und der überzeugendsten Argumente ungeachtet seine patentverletzenden Handlungen fortsetzt, handelt schließlich nicht nur grob fahrlässig, sondern sogar wissentlich rechtswidrig. Der Verletzer kann nicht beanspruchen, daß seine Auffassung die allein maßgebende ist, und es kann eine grobe Fahrlässigkeit unter Umständen schon darin gefunden werden, daß er über die Bedeutung des Patents keine Erkundigungen eingezogen namentlich unterlassen hat, erfahrene Sachverständige zu Rate zu ziehen[143].

Die Bekanntmachung der Patenterteilung und die Veröffentlichung der Patentschrift hat nicht die Wirkung, daß damit das Patent von Rechts wegen als allgemein bekannt gilt. Anderseits darf sich aber auch der Patentverletzer der Möglichkeit, daß ein Patentschutz besteht, nicht völlig verschließen, sondern er hat unter Umständen die Pflicht, darüber Erkundigungen einzuziehen[144].

Haben mehrere Personen gemeinschaftlich eine Patentverletzung grob fahrlässig oder wissentlich begangen, so ist jeder von ihnen gemäß § 830 des BGB. zur Entschädigung verpflichtet. Anstifter und Gehilfen stehen Mittätern gleich, jedoch ist für ihre Beteiligung Wissentlichkeit erforderlich, grobe Fahrlässigkeit genügt nicht[145]. Für den aus der Patentverletzung entstandenen Schaden haften sie gemäß § 840 des BGB. als Gesamtschuldner.

Die Klagen wegen Verletzung des Patentrechts verjähren rücksichtlich jeder einzelnen dieselbe begründenden Handlung in drei Jahren (§ 39 des PG.).

Versagt der im Patentgesetze aufgestellte Rechtsgrund der wissentlichen oder grob fahrlässigen Patentverletzung, so hat

---

[142]) Bl. 1900, S. 235, RG.

[143]) Bl. 1902, S. 205, RG.; Bl. 1903, S. 100, RG.; M. u. W. X, S. 344, RG.

[144]) M. u. W. X, S. 178, RG.; M. u. W. X, S. 222, OLG. Breslau.

[145]) Bl. 1913, S. 122, RG.

der in seinem Patentrechte Verletzte auf Entschädigung keinen Anspruch. Eine leicht fahrlässig begangene Patentverletzung verpflichtet also den Verletzer nicht zur Entschädigung. Ein Entschädigungsanspruch kann hier auch nicht auf § 823 des BGB. gestützt werden. Denn der Gesetzgeber hat die Entschädigungspflicht wegen Patentverletzung in § 35 des PG. ausschliessend geregelt, und er hat im öffentlichen Interesse die Entschädigungspflicht mit gutem Grund nicht über die grobe Fahrlässigkeit hinaus erstreckt, weil eine weitergehende Haftung das Gewerbe beunruhigen und in seiner Entwicklung stören und schädigen könnte. Aus dem gleichen Grunde findet auch eine Haftung wegen Bereicherung gemäß § 812ff. des BGB. nicht statt[146]). Der Ausschluß des bürgerlichen Rechts beschränkt sich indessen auf den Fall, daß die Erfindung unbefugt in Benutzung genommen ist, d. h. daß der Gegenstand der Erfindung unter Verletzung des Patents hergestellt, in Verkehr gebracht, feilgehalten oder gebraucht ist. In andern Fällen kommt also das bürgerliche Recht und nur dieses zur Anwendung. Die Haftung wegen Verletzung eines Lizenzvertrages, oder wegen Patentanmaßung, oder wegen sonstigen rechtswidrigen Verhaltens gegenüber dem Patentinhaber regelt sich ausschließlich nach bürgerlichem Recht[147]).

Auf den Schadensersatz finden die Bestimmungen des BGB. Anwendung. Der Ersatzpflichtige hat gemäß § 249 den Zustand herzustellen, der bestehen würde, wenn der zum Ersatze verpflichtende Umstand nicht eingetreten wäre. Soweit die Herstellung nicht möglich oder zur Entschädigung des Gläubigers nicht genügend ist, hat der Ersatzpflichtige den Gläubiger in Geld zu entschädigen (§ 250). Der zu ersetzende Schaden umfaßt auch den entgangenen Gewinn. Als entgangen gilt der Gewinn, welcher nach dem gewöhnlichen Laufe der Dinge oder nach den besondern Umständen, insbesondere nach den getroffenen Anstalten und Vorkehrungen, mit Wahrscheinlichkeit erwartet werden konnte (§ 252).

[146]) Bl. 1908, S. 161, KG.

[147]) Hier kann unter Umständen auch das Gesetz gegen den unlauteren Wettbewerb vom 7./6. 1909 anwendbar sein.

Die Berechnung des Schadens einschließlich des entgangenen Gewinns kann nach ganz verschiedenen Gesichtspunkten erfolgen. Dabei wird es insbesondere auch von Bedeutung sein, durch welchen der vier in § 4 des PG. erwähnten Akte die Patentverletzung begangen ist. Dem verletzten Patentinhaber (oder Lizenznehmer) steht es frei, diejenige Berechnungsweise zu wählen, die für ihn die günstigste ist[148]).

Die einfachste Art der Berechnung ist die, daß der Verletzte den Verletzer als Lizenznehmer behandelt. Der Verletzer kann sich nicht beklagen, wenn seine rechtswidrige Handlung in bezug auf die Entschädigungspflicht so angesehen wird, als sei sie rechtmäßig erfolgt; er kann nicht besser gestellt werden als jemand, der rechtmäßig gehandelt hat[149]). Von diesem Gesichtspunkte aus ist der Verletzer verpflichtet, dem Verletzten eine Lizenzgebühr zu entrichten, und zwar entweder die Gebühr, die auch von andern Lizenznehmern zu entrichten ist, oder aber eine angemessene Lizenzgebühr. Der Patentverletzer handelt auf seine eigene Gefahr, wenn er in der Hoffnung, sich der Lizenzgebühr entziehen zu können, den Gegenstand der Erfindung billiger absetzt, als es geschäftlich zulässig wäre, wenn er eine Lizenzgebühr hätte entrichten müssen[150]).

Der Verletzte kann statt dessen den Schaden auch nach dem ihm selbst entgangenen Absatze berechnen, was allerdings den Nachweis voraussetzt, daß er in seinem Absatze beeinträchtigt worden ist. Hier kann der Verletzte die Differenz erstattet verlangen, die sich in seinem Vermögen gegenüber dem Zustande ergibt, in welchem sich sein Vermögen befunden haben würde, wenn die Patentverletzung nicht erfolgt wäre.

Endlich kann der Verletzte den Verletzer des Patents als Geschäftsführer ohne Auftrag gemäß § 687, Abs. 2 des BGB. ansehen und gemäß § 681 und §§ 666, 667, 668 des BGB.

148) Bl. 1899, S. 106, RG.

149) Vgl. hierzu auch die Entscheidung des Reichsgerichts Bl. 1894/95, S. 241, die allerdings nicht den Fall der Patentverletzung, sondern eine Schadenersatzklage wegen Nachdrucks betrifft.

150) Bl. 1912, S. 140, RG.

Rechnungslegung und Herausgabe dessen, was er aus der Geschäftsbesorgung erlangt hat, beanspruchen. Dies gilt, ungeachtet der beschränkenden Vorschrift des § 687, nicht nur von der wissentlichen, sondern auch von der fahrlässigen Patentverletzung[151]).

Auch andere Berechnungsarten sind unter Umständen möglich. Indessen ist daran festzuhalten, daß ein Patentinhaber, der unter keinem einzigen Gesichtspunkte durch die verletzende Handlung geschädigt ist, auch keinen Schadenersatz verlangen kann. Erscheint dies, zumal bei wissentlich begangener Patentverletzung, unbefriedigend, so ist dabei in Betracht zu ziehen, daß eine wissentliche Patentverletzung zugleich mit Strafe bedroht ist, und daß auch gegenüber dem Zivilgericht, welches bei Beurteilung eines zu erstattenden Schadens gemäß § 287 ZPO. unter Würdigung aller Umstände nach freiem Ermessen zu entscheiden hat, sich irgend ein Gesichtspunkt wird finden lassen, unter welchem der Patentverletzer, der einen Gewinn erzielt hat, zur Entschädigung verpflichtet ist.

Der Anspruch auf Entschädigung ist durch Klage bei Gericht geltend zu machen. Ein besonderes Verbot der Benutzung braucht der Klage nicht voraufzugehen. Die unbefugte Benutzung der Erfindung ist Kraft Gesetzes verboten, und dieses Verbot tritt ohne weiteres mit der Patenterteilung, einstweilig bereits mit der Bekanntmachung der Erfindung im Patenterteilungsverfahren, in Wirkung.

Das Erfordernis des Entschädigungsanspruchs, daß die Patentverletzung wissentlich oder grob fahrlässig begangen sein muß, bleibt auch nach Erhebung der Klage bestehen[152]). Es tritt also nicht etwa als Folge der Rechtshängigkeit eine verschärfte Haftung ein. Allerdings kann die Klage so überzeugend begründet sein, daß der Beklagte daraus die Erkenntnis gewinnen muß, daß eine weitere Fortsetzung der Patentverletzung rechtswidrig sei. Wenn hiernach für die weitere

---

151) Bl. 1906, S. 221, RG.; Bl. 1909, S. 304. RG.; M. u. W. IX, S. 395, OLG. Dresden.

152) Bl. 1906, S. 165, RG.; Bl. 1906, S. 221, RG.

Patentverletzung das Moment der groben Fahrlässigkeit oder der Wissentlichkeit gegeben ist, so beruht dies nicht auf der prozessualen Bedeutung der Klage, sondern nur auf ihrer Begründung.

Zur Klage berechtigt ist außer dem Patentinhaber (oder dem Nießbraucher des Patents) auch der Lizenznehmer, falls ihm eine quasidingliche Lizenz erteilt ist.

Zuständig für die Klage ist das Gericht des Wohnsitzes, eventuell des Aufenthaltsorts; daneben ist auch das Gericht der Niederlassung, das Gericht des Vermögens und das Gericht der unerlaubten Handlung zuständig (vgl. §§ 12 und 13, 16, 21, 23 und 32 der ZPO.).

Unter mehreren zuständigen Gerichten hat der Kläger die Wahl (§ 35, ZPO.).

Wer nicht im Inlande wohnt, kann die Rechte aus dem Patent nur geltend machen, wenn er im Inlande einen Vertreter bestellt hat (§ 12 des PG.)[153]).

Der Patentinhaber oder sein Vertreter sind zur Erhebung der Klage nur dann legitimiert, wenn sie in der Patentrolle als solche eingetragen sind (§ 19 des PG.)[154]). Für den Lizenznehmer gilt diese Vorschrift nicht; Lizenzen werden in die Rolle nicht eingetragen.

Die Klage auf Schadenersatz ist nur dann begründet, wenn objektiv eine Patentverletzung stattgefunden hat. Die Beweislast für die Patentverletzung trifft den Kläger. Handelt es sich indessen um eine Erfindung, welche ein Verfahren zur Herstellung eines neuen Stoffes zum Gegenstande hat, so gilt bis zum Beweise des Gegenteils jeder Stoff von gleicher Beschaffenheit als nach dem patentierten Verfahren hergestellt (§ 35, Abs. 2 des PG.).

Juristische Personen, Handelsgesellschaften und andere rechtsfähige Verbände oder Korporationen haften gemäß § 831

---

[153]) Der Patentinhaber braucht sich aber des bestellten Vertreters nicht zu bedienen, sondern kann selbst seine Rechte wahrnehmen (Bl. 1899, S. 239, RG.).

[154]) Bl. 1903, S. 100, RG.; Bl. 1906, S. 166, RG.; Bl 1908, S. 166, RG ; anders die frühere Praxis: Bl. 1897, S. 204, RG.; Bl. 1899, S. 239, RG.

des BGB. für Patentverletzungen, die von ihren Vertretern innerhalb ihrer Kompetenz wissentlich oder grob fahrlässig begangen sind[155]).

Gegenüber der Entschädigungsklage ist der Einwand, daß das Patent nichtig sei, nicht zulässig. Solange ein Patent nicht für nichtig erklärt ist, muß es beachtet werden. Die Vernichtung des Patents kann nur im Wege der Nichtigkeitsklage, die beim Patentamt einzureichen ist, herbeigeführt werden (§ 13 und 28ff. des PG.). Indessen kann[156]) das Gericht anordnen, daß das Verfahren bis zur Beendigung eines bereits eingeleiteten oder noch einzuleitenden Nichtigkeitsverfahrens ausgesetzt werde. War das Nichtigkeitsverfahren noch nicht eingeleitet, so hat das Prozeßgericht dem Beklagten zur Erhebung der Klage eine Frist zu setzen. Wird das Patent für nichtig erklärt, so ist dies auch in der Revisionsinstanz noch zu berücksichtigen. Aus der Nichtigkeit des Patents folgt von selbst, daß der Patentinhaber für Patentverletzungen, die vor der Vernichtung begangen sind, keine Entschädigung beanspruchen kann[157]). Ähnliche Grundsätze gelten für den einstweiligen Patentschutz, der mit der Bekanntmachung der Patentanmeldung gemäß § 23, Abs. 1 des PG. eintritt. Die Versagung des Patents hebt den einstweiligen Schutz mit rückwirkender Kraft wieder auf[158]); was auf Grund des Schutzes erlangt ist, muß nach den Grundsätzen von der ungerechtfertigten Bereicherung (§ 812ff. BGB.) wieder herausgegeben werden[159]).

Zulässig ist gegenüber der Entschädigungsklage dagegen der Einwand der Patenterschleichung[160]). Das Patent ist erschlichen, wenn der Anmelder es wider besseres Wissen durch Täuschung erlangt hat.

---

155) Bl. 1899, S. 292, RG.

156) nicht „muß".

157) Bl. 1906, S. 271, RG.; Bl. 1905, S. 27, RG.

158) Bl. 1907, S. 153, RG.

159) Bl. 1903, S. 229, RG.

160) Bl. 1903, S. 5, RG.; M. u. W. X, S. 277, RG.; Bl. 1911, S. 246 (M. u. W. XI, S. 6), RG.

Das gerichtliche Verfahren richtet sich nach den Bestimmungen der Zivilprozeßordnung.

Mit der Entschädigungsklage kann die Klage auf Rechnungslegung verbunden werden. Der Patentverletzer ist nicht nur bei wissentlicher, sondern, wie schon oben bemerkt wurde, auch bei grob fahrlässiger Patentverletzung zur Rechnungslegung verpflichtet. Der Beklagte hat erforderlichenfalls seine Bücher nebst sämtlichen Belegen vorzulegen und Abrechnungen aufzustellen. Seine Verpflichtung beschränkt sich nicht auf die gewinnbringenden Geschäfte[161]), sondern erstreckt sich über den gesamten Kreis der unbefugten Benutzung mit allem, was zur Übersicht gehört. Die Bücher und Belege braucht er nicht dem Kläger zu beliebiger Prüfung vorzulegen. Es kann von ihm nicht verlangt werden, daß er Geschäftsgeheimnisse, die mit der Patentverletzung nichts zu tun haben, dem Gegner offenlegt[162]). Aber er ist verpflichtet, seine Bücher nebst Belegen, wenn es verlangt wird, dem Gerichte oder einem gerichtlichen Sachverständigen vorzulegen. Was sich daraus als dienlich für die Prüfung der begangenen Patentverletzung ergibt, darf auch dem Kläger nicht vorenthalten werden. Unter den Voraussetzungen der § 259—261 des BGB. ist der Beklagte zur Leistung eines Offenbarungseides verpflichtet.

Die Verbindung des Anspruchs auf Entschädigung mit dem Anspruche auf Rechnungslegung bildet die Regel[163]), weil der Verletzte in den meisten Fällen ohne Rechnungslegung gar nicht übersehen kann, wie hoch sich der ihm entstandene Schaden beläuft. Der Kläger braucht deshalb bei Erhebung der Klage auf Schadenersatz die Höhe des entstandenen Schadens nicht in einer bestimmten Summe zu bezeichnen, sondern kann den Antrag auf Ersatz des aus der Rechnungslegung sich ergebenden Schadens stellen (§ 254 ZPO.).

---

161) Bl. 1912, S. 260, OLG. Hamburg.

162) Bl. 1912, S. 259, LG. Hamburg.

163) Die Klage auf Rechnungslegung kann auch selbständig erhoben und mit dem Anspruche auf Schadenersatz allgemein begründet werden (Bl. 1909, S. 304, RG.).

Bestreitet der Beklagte seine Verpflichtung zum Schadenersatz, so kann das Gericht unter Trennung der Verhandlung zunächst über den Grund des Anspruchs und demnächst, nach Rechtskraft der ergangenen Entscheidung, über den Betrag entscheiden (§ 304 ZPO.).

Statt auf Entschädigung beim Zivilgerichte zu klagen, kann der durch die unbefugte Benutzung Verletzte, wenn die Patentverletzung wissentlich begangen ist, auch im Strafverfahren eine Buße beanspruchen, die indessen den Betrag von 10000 M. nicht übersteigen darf[164]). Die Geltendmachung des Anspruchs auf Buße gewährt dem Geschädigten den Vorteil, daß er hier im Wege eines ganz summarischen Verfahrens kostenlos eine Entschädigung zugesprochen erhält, um die er sonst unter Umständen einen langwierigen und kostspieligen Zivilprozeß führen muß, und daß bei Bemessung der Buße auch die von dem Verletzten erlittene Kränkung eine angemessene Berücksichtigung findet[165]). Andrerseits hat sie den Nachteil, daß sie die Geltendmachung eines weiteren Anspruchs ausschließt, so daß der Verletzte hier Gefahr läuft, mit Rücksicht auf die summarische Prüfung nicht die ihm gebührende volle Entschädigung für die Patentverletzung zu erhalten.

Die Verjährungsfrist des § 39 bezieht sich nur auf die Entschädigungsklage, nicht aber auf den mit der Strafverfolgung verbundenen Anspruch auf Buße[166]).

Außer der Klage auf Rechnungslegung und Entschädigung stehen dem Patentberechtigten nach allgemeinem Recht auch noch weitere Klagen zum Schutze seines Patentrechts zu. Mit diesen Klagen kann der Patentberechtigte nicht nur Patentverletzungen gegenüber, sondern auch gegenüber Beeinträchtigungen anderer Art[167]) Schutz beanspruchen. Die im Patentgesetze enthaltene Beschränkung auf Wissentlichkeit oder grobe Fahrlässigkeit hat für diese Klagen keine Geltung.

Die Klage, mit welcher der Berechtigte sein Patentrecht

---

164) Über die Geltendmachung dieses Anspruchs vgl. unten S. 94.

165) Bl. 1913, S. 158, RG.

166) Bl. 1894/95, S. 225, RG.

167) Vgl. oben S. 80.

gegenüber allen Verletzungen, Störungen und Beeinträchtigungen behaupten kann, ist die Abwehrklage (actio negatoria). In dieser Klage besitzt der Patentberechtigte ein Mittel, allen Patentverletzungen entgegenzutreten, ohne Rücksicht darauf, ob sie wissentlich bzw. grob fahrlässig begangen werden oder nicht. In der Klage ist die verletzende Handlung zu bezeichnen. Der Antrag ist auf Untersagung der als verletzend gekennzeichneten Handlung[168]), unter Strafandrohung, zu richten. Ist ein Schaden entstanden, so kann mit der Abwehrklage, falls die Patentverletzung grob fahrlässig oder vorsätzlich begangen ist, auch der Anspruch auf Schadenersatz verbunden werden. Bestreitet der Verletzer das Patentrecht, sei es in bezug auf seine Existenz oder in seiner Bedeutung und Tragweite, so kann der Patentinhaber zugleich mit der Abwehrklage den Antrag auf Feststellung seines Patentrechts stellen. Beruft sich der Verletzer auf ein eigenes Patent, das von dem verletzten Patent abhängig ist, so kann mit der Abwehrklage auch der Antrag auf Feststellung des Abhängigkeitsverhältnisses verbunden werden[169]). Ergibt sich erst im Laufe des Rechtsstreits, daß ein Rechtsverhältnis zwischen den Parteien streitig ist, so kann die Feststellung des streitigen Rechtsverhältnisses beantragt werden (§ 280 ZPO.).

Aber auch wenn eine Patentverletzung noch gar nicht stattgefunden hat, sondern nur erst mit der Möglichkeit einer solchen zu rechnen ist, vermag der Patentinhaber sein Recht durch Klage zu behaupten. Für diese Fälle ist die Feststellungsklage gemäß § 256 der ZPO. gegeben. Diese Klage ist dann statthaft, wenn der Patentinhaber ein rechtliches[170]) Interesse daran hat, daß das streitige Patentrecht durch richterliche

---

[168]) also nicht auf ein allgemeines Verbot der Patentverletzung (Bl. 1902, S. 154, RG.; Bl. 1912, S. 140, OLG. Dresden).

[169]) Vgl. jedoch oben S. 64.

[170]) Ein rechtliches Interesse ist jedes Interesse, welches sich in irgend einer Weise auf die Rechtsverhältnisse des Klägers bezieht; es liegt vor, wenn in betreff der Rechtsfolgen, welche sich aus der begehrten Feststellung ergeben, ein Interesse an alsbaldiger Herbeiführung der Entscheidung vorhanden ist (E. d. RG. ZS., Bd. 16, S. 390; Bd. 35, S. 393).

Entscheidung alsbald festgestellt werde. Zur Begründung der Klage genügt es, daß das erteilte Patent in seinem Bestande oder in der ihm zukommenden Bedeutung von einem andern unter Umständen bestritten wird, die es nicht als ausgeschlossen erscheinen lassen, daß es zu Patentverletzungen oder sonstigen Störungen oder Beeinträchtigungen des Patentinhabers kommen wird. Auch mit dieser Klage kann die Feststellung beantragt werden, daß ein anderes, später erteiltes Patent, von dem erteilten Patente abhängig ist, wenn das Abhängigkeitsverhältnis von dem Inhaber des jüngeren Patents bestritten wird.

Handelt es sich nicht um Patentverletzungen, auf die ausschließlich das Patentgesetz Anwendung findet, sondern um Beeinträchtigungen anderer Art, so kann nach allgemeinem bürgerlichen Recht unter Umständen auch schon bei gewöhnlicher Fahrlässigkeit Ersatz des entstandenen Schadens beansprucht werden (vgl. z. B. § 823 BGB.)[171]).

Zum Zwecke der Regelung eines einstweiligen Zustandes können sowohl vor wie nach Erhebung der Klage vom Gerichte auf Antrag einstweilige Verfügungen erlassen werden[172]). Hierauf finden die Bestimmungen der §§ 940ff. der ZPO. Anwendung.

In bürgerlichen Rechtsstreitigkeiten, in welchen durch Klage oder Widerklage ein Anspruch auf Grund der Bestimmungen des Patentgesetzes geltend gemacht wird, ist, unter Ausschluß der Kompetenz oberster Landesgerichte (§ 8 des Einführungsgesetzes zum Gerichtsverfassungsgesetze), in letzter Instanz das Reichsgericht zuständig (vgl. § 38 des PG.).

Wer wissentlich den Bestimmungen der §§ 4 und 5 zuwider eine Erfindung in Benutzung nimmt, wird mit Geldstrafe bis zu fünftausend Mark oder mit Gefängnis bis zu einem Jahre bestraft (§ 36 des PG.).

Unter Benutzung ist auch hier Herstellen, Inverkehrbringen, Feilhalten und Gebrauchen zu verstehen[173]). Ein jeder dieser Akte kann schon für sich allein eine strafbare Benutzung ent-

---

[171]) Wegen des staatlichen Hoheitsrechts vgl. oben S. 32.

[172]) Vgl. z. B. Bl. 1896, S. 340, RG.; Bl. 1899, S. 4 u. S. 84, RG.

[173]) Bl. 1904, S. 266, RG.

halten. Hinsichtlich der Gewerbsmäßigkeit gelten die bereits erörterten Grundsätze[174]).

Die Strafbarkeit des Patentvergehens setzt Wissentlichkeit der Patentverletzung voraus. Die Bedeutung der Wissentlichkeit ist bereits erörtert; auch hier genügt dolus eventualis[175]).

Die Strafverfolgung tritt nur auf Antrag ein. Die Zurücknahme des Antrags ist zulässig.

Auf den Antrag finden die allgemeinen Vorschriften des Strafgesetzbuchs Anwendung (vgl. § 61ff.). Danach ist der Antrag schriftlich zu stellen, und zwar innerhalb einer Frist von drei Monaten seit dem Tage, an welchem der zum Antrage Berechtigte von der patentverletzenden Handlung und von der Person des Täters Kenntnis erlangt hat[176]). Der Antrag ist nicht teilbar. Wird der Antrag gestellt, so richtet sich die Strafverfolgung gegen sämtliche an dem Vergehen beteiligte Personen, und wird der gestellte Antrag zurückgenommen, was nur bis zur Verkündung eines auf Strafe lautenden Urteils zulässig ist, so hat dies die Einstellung des Verfahrens gegen sämtliche an dem Vergehen beteiligte Personen zur Folge.

Zur Stellung des Antrages ist der in die Patentrolle eingetragene Patentinhaber oder sein Vertreter legitimiert; die Legitimation kann innerhalb der Antragsfrist nachgebracht werden, wenn der Rechtsnachfolger, der den Strafantrag gestellt hat, seine Eintragung nachträglich veranlaßt[177]).

Auch für die Teilnahme gelten die Bestimmungen des Strafgesetzbuchs (§ 47ff.), die hier als bekannt vorausgesetzt werden.

Der Versuch ist nicht strafbar (§ 43 Abs. 2 des StrGB.).

Selbstverständlich ist auch die unerlaubte Teilbenutzung einer Erfindung strafbar[178]).

---

[174]) Vgl. S. 34ff.

[175]) Eine vorgängige Warnung ist auch hier nicht erforderlich (Bl. 1912, S. 9, RG.).

[176]) Die wiederholte Patentverletzung kann als fortgesetztes Vergehen aufgefaßt werden, mit der Folge, daß der Strafantrag rechtzeitig gestellt ist, wenn er innerhalb dreier Monate nach dem letzten Tätigkeitsakt gestellt wurde (Bl. 1896, S. 322, RG.).

[177]) Bl. 1911, S. 29, RG.

[178]) Bl. 1899, S. 127, RG.

Ist eine Lizenz erteilt, so ist besonders zu prüfen, ob die begangene rechtswidrige Handlung nur gegen den Lizenzvertrag oder auch gegen das Patentgesetz verstößt.

Das Strafverfahren richtet sich nach den Vorschriften der Strafprozeßordnung.

Die in § 35 Abs. 2 des PG. aufgestellte Vermutung, daß bei einer Erfindung, die ein Verfahren zur Herstellung eines neuen Stoffes zum Gegenstand hat, bis zum Beweise des Gegenteils jeder Stoff von gleicher Beschaffenheit als nach dem patentierten Verfahren hergestellt gilt, findet im Strafverfahren keine Anwendung.

Die Strafverfolgung ist Aufgabe der Staatsanwaltschaft.

Wird das Patent für nichtig erklärt, so ist dies auch in der Revisionsinstanz noch zu berücksichtigen[179]).

Wird auf Strafe erkannt, so ist zugleich dem Verletzten die Befugnis zuzusprechen, die Verurteilung auf Kosten des Verurteilten öffentlich bekannt zu machen. Die Art der Bekanntmachung sowie die Frist zu derselben ist im Urteil zu bestimmen. Für die Einziehung der zur Patentverletzung benutzten oder durch dieselbe hergestellten Gegenstände, sowie hinsichtlich der Verjährung gelten die allgemeinen Bestimmungen des Strafgesetzbuchs (§ 40ff. und 66ff.).

Ist der mit der Bekanntmachung der Patentanmeldung eintretende einstweilige Patentschutz verletzt, so kann eine Verurteilung wegen Patentvergehens erst nach der Patenterteilung erfolgen.

Statt jeder aus dem Patentgesetze entspringenden Entschädigung kann auf Verlangen des Beschädigten neben der Strafe auf eine an ihn zu erlegende Buße bis zum Betrage von zehntausend Mark erkannt werden. Für diese Buße haften die zu derselben Verurteilten als Gesamtschuldner. Eine erkannte Buße schließt die Geltendmachung eines weiteren Entschädigungsanspruchs aus (§ 37 des PG.).

Wer den Anspruch auf Buße geltend machen will, muß sich der von der Staatsanwaltschaft erhobenen öffentlichen Klage

---

179) Bl. 1909, S. 181, RG.

als Nebenkläger anschließen (§ 443—445 StrPO.). Dem Nebenkläger steht die Befugnis zur Einlegung von Rechtsmitteln zu. Wird auf ein nur von dem Nebenkläger eingelegtes Rechtsmittel die angefochtene Entscheidung aufgehoben, so liegt der Betrieb der Sache wiederum der Staatsanwaltschaft ob (§ 441 StrPO.).

Wie einerseits der Patentinhaber gegen Verletzungen und Beeinträchtigungen seines Patentrechts zivilrechtlich und strafrechtlich geschützt ist, so findet andrerseits auch ein Schutz der Allgemeinheit gegenüber dem Patentinhaber statt. Wer in der rechtmäßigen Ausübung seines Gewerbes durch Verbote des Patentinhabers gestört wird, die auf einer unrichtigen, insbesondere einer zu weitgehenden Auslegung des Patents beruhen, kann bei eingetretener Beeinträchtigung gegen den Patentinhaber auf Unterlassung der störenden Handlung klagen. Ist eine Beeinträchtigung tatsächlich noch nicht eingetreten, so kann er auf Feststellung des streitigen Patentrechts in negativem Sinne klagen, falls er ein rechtliches Interesse hat, daß das streitige Rechtsverhältnis durch richterliche Entscheidung alsbald festgestellt wird (§ 256 ZPO.); diese Feststellung kann er auch im Wege der Widerklage beantragen, wenn gegen ihn eine Patentverletzungsklage vom Patentinhaber bereits anhängig gemacht ist (§ 280 ZPO.).

Ist durch schuldhaftes Verhalten des Patentinhabers ein Schaden erstanden, so kann unter Umständen auch ein Schadenersatzanspruch begründet sein, zwar nicht nach dem Patentgesetz, wohl aber nach allgemeinem bürgerlichen Recht (vgl. z. B. § 823, 826 BGB.)[180].

Auch in diesem Verfahren können einstweilige Verfügungen, z. B. auf Unterlassung der Störung, erlassen werden (§ 940ff. der ZPO.)[181].

Wohnt der Patentinhaber nicht im Inlande, so ist die Klage dem in die Patentrolle eingetragenen Vertreter, und nur eventuell dem Patentinhaber selbst zuzustellen. Hier gilt der Ort, wo der Vertreter seinen Wohnsitz hat, und in Ermangelung

[180]) Vgl. z. B. Bl. 1903, S. 5, RG.
[181]) Bl. 1894/95, S. 114, RG.

eines solchen der Ort, wo das Patentamt seinen Sitz hat, im Sinne des § 23 der Zivilprozeßordnung als der Ort, wo sich der Vermögensgegenstand befindet (§ 12 des PG.).

Auch gegen Patentanmaßung wird die Allgemeinheit geschützt.

Von besonderer Bedeutung ist hier der strafrechtliche Schutz (§ 40 des PG.).

„Mit Geldstrafe bis zu eintausend Mark wird bestraft:

1. wer Gegenstände oder deren Verpackung mit einer Bezeichnung versieht, welche geeignet ist, den Irrtum zu erregen, daß die Gegenstände durch ein Patent nach Maßgabe des Patentgesetzes geschützt seien;

2. wer in öffentlichen Anzeigen, auf Aushängeschildern, auf Empfehlungskarten oder in ähnlichen Kundgebungen eine Bezeichnung anwendet, welche geeignet ist, den Irrtum zu erregen, daß die darin erwähnten Gegenstände durch ein Patent nach Maßgabe des Patentgesetzes geschützt seien."

Die Patentanmeldung und selbst der mit der Bekanntmachung eingetretene einstweilige Schutz geben noch nicht das Recht, den Gegenstand als durch deutsches Reichspatent geschützt zu bezeichnen[182]). Dasselbe gilt von einem im Auslande erlangten Patentschutz[183]) oder von einem Gebrauchsmusterschutz.

Auch eine abgekürzte Bezeichnung, die im Verkehr die Täuschung hervorrufen kann, daß der Gegenstand durch Deutsches Reichspatent geschützt sei, z. B. D-R.P. a. (= Deutsches Reichspatent angemeldet), ist unstatthaft[184]). Dagegen ist es selbstverständlich statthaft, in deutlicher Form zum Ausdruck zu bringen, daß für den Gegenstand ein Patent angemeldet ist. Ob die Abkürzung täuschend ist, ist nach den besondern Umständen des einzelnen Falles zu entscheiden[185]).

---

[182]) Bl. 1913, S. 159, RG.

[183]) Bl. 1894/95, S. 127, LG. Leipzig.

[184]) Bl. 1898, S. 144, RG.; M. u. W. X, S. 318, OLG. Hamburg; Bl. 1906, S. 46, LG. Hamburg.

[185]) Unter diesem Gesichtspunkte ist auch die Bezeichnung DRP. a. einmal für statthaft erklärt worden (Bl. 1910, S. 117, OLG. Dresden).

Die Bezeichnung der durch ein patentiertes Verfahren unmittelbar gewonnenen Erzeugnisse als patentiert ist nicht unzulässig (vgl. § 4 des PG.)[186].

Ob die Bezeichnung „patentamtlich eingetragen“ unstatthaft ist, wenn kein Patentschutz, sondern nur Gebrauchsmusterschutz besteht, hängt von den Umständen des einzelnen Falles ab[187]; die Bezeichnung „patentamtlich geschützt“, ist hier nicht statthaft[188].

Die Strafvorschrift des § 40 ist polizeilichen Charakters; es genügt daher fahrlässiges Handeln zum subjektiven Tatbestande[189].

Auch eine zivilrechtliche Klage auf Unterlassung fälschlicher Patentberühmung ist statthaft, sofern für den Kläger ein besonderes Interesse besteht, der Patentberühmung entgegenzutreten[190]. Die Klage findet auch gegen einen Patentinhaber statt, der andere als die ihm geschützten Gegenstände als patentiert bezeichnet[191]. Ein Anspruch auf Ersatz des entstandenen Schadens findet hier zwar nach dem Patentgesetz nicht statt und ebensowenig ist ein Anspruch auf Buße im Strafverfahren begründet[192], wohl aber kann nach allgemeinem bürgerlichen Recht ein Schadenersatz beansprucht werden (vgl. z. B. § 823, 826 BGB.).

---

186) Bl. 1898, S. 11, RG. Vgl. jedoch auch Bl. 1913, S. 124, RG.

187) Bl. 1908, S. 155, RG.

188) Bl. 1900, S. 166, KG.; Bl. 1906, S. 46, LG. Dresden; Bl. 1911, S. 314, OLG. Hamm. Vgl. auch Bl. 1904, S. 395, LG. Dresden.

189) Bl. 1894/95, S. 115, RG.

190) Bl. 1901, S. 14, LG. Berlin.

191) Bl. 1901, S. 117, RG.; Bl. 1902, S. 177, RG.

192) Bl. 1902, S. 6, KG.; Bl. 1913, S. 157, RG.

FSC
www.fsc.org
MIX
Papier | Fördert gute Waldnutzung
FSC® C083411

Kolibri 360 GmbH
Ferdinand-Jühlke-Straße 7
99095 Erfurt, Deutschland
produktsicherheit@kolibri360.de